2007-09년 금융위기 논쟁

공감개론신서 5

2007-09년 금융위기 논쟁

윤소영 외 지음

공감

공감개론신서 5

2007-09년 금융위기 논쟁

윤소영 외 지음

인쇄일 2010년 4월 26일
발행일 2010년 4월 30일

도서출판 공감
발행인 이범수
출판등록 22-1006 (1996. 5. 14.)
서울시 마포구 망원2동 436-40 플러스타운 101-1호
전화 323-8124 / 팩스 323-8126
전자우편 alba21@naver.com

ISBN 978-89-86939-43-9 03320
값 10,000원

서문

『2007-09년 금융위기 논쟁』이라는 제목의 이 책은 2008년 말에 출판된 윤소영의 『금융위기와 사회운동노조』와 2009년 말에 출판된 윤소영의 『2007-09년 금융위기』에 후속하는 것이다.

윤소영의 「2007-09년 금융위기: 마르크스주의적 분석과 대안」은 2009년 12월 20일에 광주에서 '2007-09년 금융위기와 한국 노동자운동'이라는 주제로 평등과연대를위한민중행동의 전욱 씨가 주선한 사회운동강좌를 녹취한 것이다. 5시간에 걸친 강좌에는 60여명의 활동가와 학생이 참여했다.

윤종희·박상현의 「2007-09년 금융위기 논쟁 비판」은 본래 조희연 교수의 청탁으로 『경제와 사회』 2010년 여름호에 기고한 것인데, 잡지지면의 제약으로 대폭 축소할 수밖에 없었던 원고를 이 기회에 복원한다. 또 독자의 편의를 위해서 이태훈·이현·공민석이 작성한 문헌해제도 추가한다.

2010년 4월

윤 소 영

차례

2007-09년 금융위기 논쟁 비판 · 107

2007-09년 금융위기: 마르크스주의적 분석과 대안*)

민중행동 초창기인 2000년 봄에도 광주에서 강의를 한 적이 있는데, 10년만에 다시 기회를 갖게 되어 반갑습니다. 먼저 2007-09년 금융위기에 대한 마르크스주의적 분석을 중심으로 강의를 하고, 남한 노동자운동의 관점에서 제시될 수 있는 마르크스주의적 대안은 이따가 토론시간으로 미루는 것이 좋을 것 같아요.

얼마 전에 출판된 『2007-09년 금융위기』(공감, 2009)를 개관하는 동시에 보충하는 오늘 강의는 세 단락으로 구성됩니다. 첫 번째 단락에서는 이번 금융위기의 원인을 구조적인 것과 정세적인 것으로 나누어 설명하는데, 이런 두 원인을 장기적·궁극적·보편적 원인과 단기적·직접적·개별적 원인이라고 불러도 좋겠지요.

마르크스주의적 분석이 주목하는 구조적 원인은 1960년대 후반부터 미국경제에서 출현하는 이윤율의 하락 경향을 의미합니다. 그런데 이번 금융위기를 설명하기 위해서는 이런 구조적 원인을 정세적 원인과 매개해주는 금융세계화와 이중적자에 특히 주목해야 한다는 것이 제 생각이에요.

---

*) [ ] 안의 문장은 강의 이후에 추가한 것이다.

1970년대 이후의 금융세계화와 1980년대 이후의 이중적자에 대한 분석은 물론 마르크스주의에 고유한 것은 아니고 부르주아 경제학에서도 많은 연구가 축적되었습니다. 그러나 마르크스주의적 관점에서 볼 때 부르주아 경제학에는 결함이 있는데, 금융세계화와 이중적자를 이윤율의 하락 경향과 연결짓지 못하기 때문이지요.

정세적 원인은 요즘 부르주아 경제학에서도 논란이 제기되고 있는 이른바 '금융혁신'과 관련됩니다. 금융혁신에 대한 부르주아 경제학의 분석에도 결함이 있는데, 신용과 증권의 혼동, 즉 신용의 증권화에 대한 맹목 때문이에요. 또 이윤율의 하락 경향이라는 관점에서 금융혁신과 신용의 증권화를 분석하지도 못하지요.

두 번째 단락에서는 이번 금융위기의 전개과정을 개관하면서 금융위기에 대한 부르주아적 정책대응에 대해 설명하겠습니다. 어느 나라나 마찬가지이겠지만, 미국에서도 경제정책을 담당하는 당국은 두 개가 있는데, 그것이 바로 재무부와 중앙은행인 연방준비제도이사회(FRB, 연준)이지요.

재무부와 연준의 정책기조는 한 마디로 말해서 겸업화와 인수·합병이라고 할 수 있습니다. 금융위기를 해결하기 위해서는 은행업과 증권업을 결합하는 대형은행이 파산위험에 처한 증권회사를 인수·합병하는 것이 최선이라는 말이지요. 그 결과 '은행의 좀비화'라는 현상이 출현하는 것이에요.

그런데 이것만으로는 금융위기를 해결하기 곤란하므로 몇 가지 정책이 추가됩니다. 그 중 재무부가 주도한 한 가지 정책이 바로 구제금융을 통한 자본확충, 즉 증자이지요. 구제금융의 결과로 세계 1위 겸업은행이던 씨티그룹과 세계 1위 보험회사이던 미국국제그룹이 국유화되는 것이에요.

동시에 연준은 비전통적 통화정책을 실행합니다. 먼저 연방기금금리를 제로까지 인하하는 제로금리정책이 있지요. 나아가 수량완화정책을 실행하는데, 금리는 마이너스가 될 수 없기 때문이에요. 보통 양적 완화정책이라고 번역하는데, 그러나 수량완화정책이라고 번역하는 것이 더 나을 것 같아요.

마지막 세 번째 단락에서는 이번 금융위기의 전망에 대해 설명하겠습니다. 2009년 3월부터 금융위기가 얼마간 진정되었다는 것은 이미 알고 계시겠지요. 그러나 근거 없는 낙관론은 경계해야 마땅한데, 재무부와 연준의 정책대응을 둘러싸고 부르주아 경제학 내부에서도 이견이 아주 많거든요.

특히 대중매체에서도 가끔 거론되고 있는 더블딥 논쟁에 주목해야 합니다. 더블딥은 일시적 경기회복 직후에 재발하는 경기침체, 한 마디로 말해서 이중침체를 의미하지요. 부르주아 경제학의 일각에서는 재무부와 연준의 정책대응이 좀비은행을 양산하는 방식으로 금융위기를 완화했을 따름이므로 더블딥의 가능성이 아주 높다고 주장하고 있어요.

그러나 금융위기에 대한 부르주아 경제학의 전망에는 결함이 있습니다. 부르주아 경제학에서도 이번 금융위기를 1930년대 대불황과 비교하는 것이 보통이지만, 아주 중요한 차이에 대해서는 맹목적이지요. 1930년대에는 이윤율이 상승하는 경향인 반면 이번에는 하락하는 경향이거든요. 이렇게 금융위기의 전망에 대한 결함은 그 원인에 대한 분석의 결함과 결합되는 것이에요.

또다시 금융위기가 심화되면서 더블딥이 발생한다면, 그것이 바로 2차 대불황의 시작입니다. 그런데 부르주아 경제학의 일각에서는 이미 2차 대불황에 대한 대비책도 준비하고 있어요. 현재의 '플랜 A'가 실패할 경우에 대비하는 '플랜 B'를 구상하고 있다는 말이지요. 분석과 전망의 결함에도 불구하고 이런 대안을 준비하는 부르주아 경제학의 실용주의적 정신은 그저 놀라울 따름이에요.

그렇다면 2차 대불황에 대비한 마르크스주의적 대안은 무엇인가라는 질문을 제기할 수 있을 것입니다. 제가 구상하고 있는 대안은 사회운동노조인데, 이미 『금융위기와 사회운동노조』(공감, 2008)에서 자세하게 설명한 적이 있지요. 이따가 토론시간에 사회운동노조에 대한 여러분의 의견을 들어보고 싶어요.

금융위기의 원인

이윤율의 하락 경향

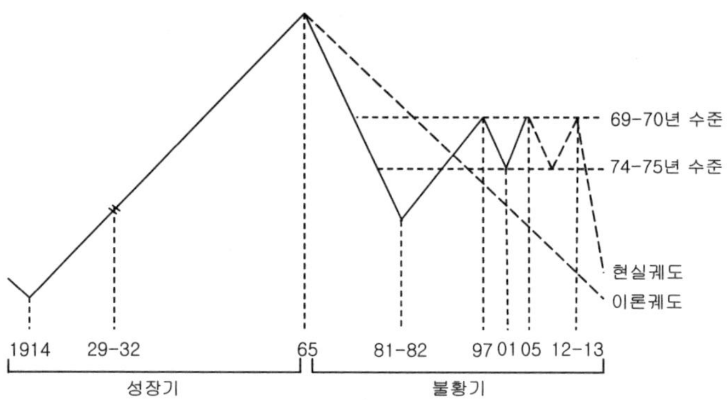

마르크스주의적 분석은 금융위기의 구조적 원인, 즉 이윤율의 하락 경향에서 출발합니다. 위에서 제시된 그래프는 1차 세계전쟁이 발발한 1914년부터 1세기 동안 미국경제에서 이윤율의 운동을 요약하는 것이에요. 1965년까지 반세기 동안 이윤율은 장기적으로 상승하는 추세인데, 그래서 이 시기를 미국경제의 성장기라고 부를 수 있지요. 반면 이윤율이 장기적으로 하락하는 추세인 1965년부터 반세기 동안의 시기는 불황기라고 할 수 있어요.

그런데 불황기의 이윤율의 운동을 설명하기 위해서는 이론궤도와 현실궤도를 구별할 필요가 있습니다. 사실 성장기의 경우도 마찬가지인데, 1930년대 대불황의 초기인 1929-32년에 급락한 이윤율이 그 후기에는 급등하거든요. 그러나 불황기에 주목하기 위해 그래프에서는 이런 급격한 변동을 생략한 것이지요.

방금 1965년을 경계로 이윤율의 운동이 상승 경향에서 하락 경향으로 반전된다고 했는데, 이런 설명은 그래프에서 점선으로 표시된 이론궤도에 주목하는 것입니다. 이윤율의 장기적 추세를 예측하는 이론궤도를 결정하는 것은 기술혁신이지요. 기술혁신의 한계로 인해 이윤율이 상승하는 성장기가 종료되고 이윤율이 하락하는 불황기가 시작되거든요.

반면 실선으로 표시된 이윤율의 현실궤도는 당연하게도 이론궤도에 비해서 훨씬 더 복잡할 수밖에 없습니다. 이윤율의 운동은 기술혁신에 의해서만 결정되는 것이 아니라 또한 경기순환에 의해서도 결정되거든요. 그래서 구조적 위기와 순환적 위기, 쉽게 말해서 불황(depression)과 경기침체(recession)를 구별해야 하는 것인데, 나중에 자세하게 설명해보겠어요.

1965년부터 이윤율의 현실궤도는 이론궤도보다 훨씬 더 급격하게 하락합니다. 그러나 1981-82년부터 또다시 급격하게 상승하지요. 그런데 이런 상승의 원인은 1965년까지 상승의 원인과는 전혀 다른데, 곧 설명할 것처럼 기술혁신이 아니라 금융세계화·이중적자와 관련되는 금융혁신이 그것이에요.

기술혁신이 아니라 금융혁신에 기인하는 이윤율의 상승에 한계가 있다는 사실을 확인해둘 필요가 있습니다. 1981-82년부터 상승한 이윤율은 1980년대 말에 1974-75년 수준을 회복하지요. 달리 말해서 1970년대부터 시작되는 불황기의 초기 수준을 회복한다는 것이에요. 그 후로도 이윤율은 계속 상승하여 1997년에는 1969-70년 수준, 즉 1970년대부터 불황기가 시작되기 직전의 수준을 회복하지요. 그러나 그 후로는 이윤율이 더 이상 상승하지 않아요. 1969-70년 수준과 1974-75년 수준에서 변동할 따름이거든요.

요컨대 1980년대부터 상승한 이윤율이 1965년의 수준에는 미달한다는 것입니다. 1997년 이후에는 이윤율이 더 이상 상승하지 못하고 1969-70년 수준과 1974-75년 수준, 달리 말해서 불황기 직전 수준과 초기 수준 사이에서 변동할 따름이에요. 나중에 설명할 것처럼, 기술혁신이 아니라 금융혁신에 의존하는 이윤율의 상승에는 한계가 있거든요.

이 그래프는 2005년에 그린 것인데, 그래서 그 후의 현실궤도를 점선으로 표시한 것입니다. 실제로 2006년의 이윤율은 1969-70년 수준을 얼마간 초과하지요. 그러나 2007년부터 이윤율이 하락하면서 경기침체가 발생하고, 그 와중에 금융위기가 발생하면서 1930년대 같은 2차 대불황이 예고되고 있는 것이에요.

금융세계화와 이중적자

이번 금융위기의 구조적 원인을 정세적 원인과 결합하기 위해서는 금융세계화와 이중적자에 대한 분석이 아주 중요합니다. 나아가 금융위기에 대한 전망과 대안을 도출하기 위해서도 이런 분석이 결정적이지요. 방금 지적한 것처럼, 금융위기의 원인에 대한 분석은 그 전망이나 대안과 연결될 수밖에 없거든요.

1970년대 이후의 금융세계화에 대한 분석은 이윤율의 현실궤도에 대한 분석을 구체화하는 것입니다. 1980년대 이후의 미국경제를 특징짓게 되는 이중적자, 즉 무역적자와 재정적자에 대한 분석도 마찬가지이지요. 금융세계화와 이중적자가 전개되면서 금융혁신이 출현하고 이윤율이 상승하거든요.

물론 부르주아 경제학에서도 금융세계화와 이중적자에 주목하고 있습니다. 그러나 마르크스주의적 관점에서 볼 때 결함이 있는데, 이윤율의 운동을 무시하기 때문이지요. 좀 더 구체적으로 말해서 기술혁신과 금융혁신을 구별하지 못하기 때문에 이윤율의 상승 경향과 하락 경향을 혼동한다는 것이에요.

이제까지 설명한 이윤율은 미국경제 전체의 평균이윤율인데, 그것을 금융의 이윤율과 실물경제의 이윤율로 구별할 필요가 있습니다. 금융의 이윤율과 실물경제의 이윤율을 평균한 것이 평균이윤율이거든요. 금융세계화와 이중적자가 전개되면서 금융혁신이 출현하는 과정을 설명하기 위해서는 평균이윤율뿐만 아니라 또한 금융과 실물경제의 이윤율 격차에 주목해야 하는 것이에요.

1970년대부터 평균이윤율이 하락하는데, 금융의 이윤율이 실물경제의 이윤율보다 좀 더 급격하게 하락합니다. 그래서 금융의 이윤율이 실물경제의 이윤율을 하회하게 되고, 금융이 이런 이윤율 격차를 극복하려고 시도하면서 금융세계화가 개시되는 것이에요. 물론 아직까지 금융세계화가 본격적으로 전개된다고 할 수는 없고 그 맹아가 출현하는 정도이지요.

1970년대 초반은 전후 국제통화제도를 특징짓는 브레튼우즈 체제가 붕괴하는 시기입니다. 1971년에는 달러의 금태환을 보장하는 금-달러본위제가 중지되고, 1973년에는 고정환율제가 폐지되거든요. 순수한 달러본위제와 변동환율제로의 이행을 계기로 미국의 초민족은행이 런던의 유로달러시장으로 대거 진출한 것이 금융세계화를 준비하는 맹아라고 할 수 있어요.

한두 가지 설명을 추가할 필요가 있습니다. 1960년대가 케인즈주의의 전성기인데, 가장 중요한 특징은 금융을 억압하는 데 있지요. 달리 말해서 은행을 비롯한 금융기관이 실물경제에 봉사하도록 다양한 규제와 감독을 실행한다는 것이에요. 미국에서는 1970년대까지도 케인즈주의가 세력을 유지하다보니까 이런 규제와 감독에서 해방되기 위해 미국의 은행이 런던의 유로달러시장으로 진출하여 초민족화되는 것이지요.

유로달러시장은 런던의 금융가인 씨티에서 형성된 달러시장입니다. 달리 말해서 미국 정책당국의 관할권이 미치지 못하는 역외시장에서 달러로 예금하고 대부받는 시장이라는 것이지요. 1950년대 냉전기에는 소련을 비롯한 동유럽이 주요 고객이고, 1960년대 평화공존기에는 전후 유럽으로 진출한 미국의 초민족기업이 주요 고객이에요. 그러다가 1970년대에 산유국과 신흥공업국이 주요 고객이 되는 것이지요.

런던의 유로달러시장으로 진출한 미국의 초민족은행의 가장 중요한 예금은 서아시아의 석유달러입니다. 1970년대에 유가가 급등하는 석유위기가 두 차례 발생하는데, 서아시아로 유입된 엄청난 석유달러가 이렇게 미국으로 환류되는 것이에요. 초민족은행은 석유달러를 동아시아와 라틴아메리카의 신흥공업국에게 대부하여 막대한 이윤을 획득하지요. 흔히 말하는 외채의존형 수출지향공업화는 이렇게 출현한 것이에요.

여담이지만, 2009년은 박정희 대통령이 암살당한 지 30주년이 되는 해입니다. 1979년에 구조적 위기가 발생하는데, 이윤율이 급락하거든요. 또 초민족은행에서 대부받은 석유달러의 원리금을 상환할 수 없게 되면서 외채위기도 발생하지요. 그런 와중에 10·16 부마항쟁이 전개되면서 김재규 중앙정보부장이 박 대통령을 암살하는 10·26 사건이 발생하고, 연이어 12·12 쿠데타와 5·18 광주항쟁이 발생하는 것이에요.

본론으로 돌아가서, 1980년대는 금융세계화의 초기 단계라고 할 수 있습니다. 방금 설명한 것처럼, 평균이윤율이 상승하여 1980년대 말에는 1974-75년 수준, 즉 불황기 초기 수준을 회복하는데, 이 과정에서 금융의 이윤율이 실물경제의 이윤율보다 좀 더 빨리 회복되지요. 달리 말해서 1980년대에는 금융의 이윤율이 실물경제의 이윤율에 거의 수렴하면서 이윤율 격차가 거의 소멸한다고 할 수 있어요.

금융세계화의 초기 단계로서 1980년대에는 몇 가지 특징이 있습니다. 첫 번째 특징은 런던의 유로달러시장으로 진출했던 미국의 초민족은행이 뉴욕의 증권시장으로 귀환한다는 것이지요. 앞으로 자세하게 설명할 것처럼, 금융세계화가 전개되는 과정에서는 국채시장이나 주식시장 같은 증권시장이 아주 중요한 역할을 하게 되거든요.

동시에 은행과 증권회사의 구별이 점차 소멸합니다. 아까 케인즈주의가 금융을 억압한다고 했는데, 은행업 자체를 규제·감독할 뿐만 아니라 또한 은행업과 증권업도 분리시키지요. 그런데 이제부터 은행업과 증권업의 결합, 즉 겸업화가 출현한다는 것이에요. 나중에 설명하겠지만, 겸업화가 법률적으로 금지되는 데도 불구하고 법률을 신축적으로 또는 자의적으로 해석하면서 사실적 겸업화가 진행되거든요.

두 번째 특징은 석유달러환류를 대체하는 수출달러환류가 출현한다는 것입니다. 방금 설명한 것처럼, 서아시아의 석유달러가 런던의 유로달러시장으로 유입되는 것이 석유달러환류이지요. 반면 일본을 비롯한 동아시아의 수출달러가 뉴욕의 증시로 유입되는 것이 수출달러환류예요.

이렇게 해서 미국경제의 이중적자, 즉 무역적자와 재정적자가 출현하는 것입니다. 무역적자는 수출보다 수입이 많다는 의미이고, 재정적자는 세입보다 세출이 많다는 의미이지요. 무역적자는 자본수입으로 보전해야 하고, 재정적자는 국채발행으로 보전해야 한다는 것은 경제학의 상식이에요.

미국은 국채, 즉 재무부증권을 발행하여 동아시아로부터 자본을 수입합니다. 물론 연준이 본원통화를 발행하여 재무부가 발행한 국채를 구매할 수도 있는데, 그러나 한계가 있어요. 연준이 구매할 수 없을 경우에는 민간이 구매해야 하지요. 그런데 문제는 그것이 미국의 은행이 아니라 동아시아의 중앙은행이라는 데 있어요.

물론 아직까지는 이중적자가 그렇게 큰 규모라고 할 수 없습니다. 그러나 30년 동안 유지되어온 이중적자는 더 이상 지속불가능한 규모로 확대되지요. 금융위기가 발생하기 직전인 2006년에는 무역적자의 비중이 국민소득 대비 6%를 초과하거든요. 또 재정적자로 인한 국채의 비중은 60%를 초과해요. 이 때문에 2007-09년 금융위기의 원인을 분석하면서 이중적자를 무시할 수 없는 것이에요.

그런데 무역적자를 자본수입을 통해 이렇게 장기간 대규모로 유지할 수 있다는 것은 아주 예외적인 일입니다. 30년 전에 박정희 대통령이 암살당한 것은 이윤율이 급락하는 상황에서 급증하는 무역적자와 외채원리금을 감당할 수 없었기 때문이지요. 1979-80년의 정치적 격동은 결국 남한경제의 구조적 위기로 설명할 수밖에 없어요. 하여튼 그럴 정도로 나라 전체를 송두리째 흔들어놓을 수 있는 것이 무역적자와 자본수입이지요.

미국경제가 이중적자를 지속할 수 있는 것은 결국 달러의 발권이익(seigniorage) 때문입니다. 달러를 비롯한 모든 불환지폐는 총천연색으로 인쇄한 종이일 따름이에요. 따라서 100달러짜리 지폐의 인쇄비용은 거의 제로라고 할 수 있어요. 물론 아주 특수한 종이와 물감을 사용하지만 컴퓨터 덕분에 인쇄비용은 거의 제로라고 해요. 그래서 100달러짜리 지폐를 발행하면 그 이익은 거의 100달러라고 할 수 있다는 것이에요.

관리통화제에서는 미국을 비롯한 모든 국가가 자신의 민족경제 내부에서 민족화폐를 발행함으로써 발권이익을 영유합니다. 그러나 세계경제를 지배하는 헤게몬인 미국이 발행하는 달러는 민족화폐인 동시에 세계화폐로 기능하지요. 브레튼우즈 체제가 붕괴하고 달러본위제와 변동환율제로 이행하면서 미국이 세계경제에서 영유하는 발권이익은 엄청난 것이에요.

게다가 발권이익은 여기에 그치는 것이 아닙니다. 미국이 동아시아로부터 자본을 수입하기 위해 발행하는 재무부증권은 민족화폐인 동시에 세계화폐인 달러로 표시되거든요. 남한의 경우는 그럴 수 없습니다. 국고채는 민족화폐인 원으로 표시되거든요. 물론 예외적인 경우도 있는데, 예를 들어 외국환평형기금채권(외평채)은 세계화폐인 달러로 표시되지요. 그러나 어느 경우든 재무부증권과 달리 제약이 있기 마련이에요.

따라서 이중적자와 그 토대로서 발권이익을 무시하고서는 이번 금융위기의 원인을 분석할 수 없습니다. 금융위기의 전망과 관련하여 설명하겠지만, 부르주아 경제학의 일각에서도 2차 대불황을 예상하면서 달러위기로 인한 발권이익과 이중적자의 소멸을 우려하는 것은 이 때문이지요.

금융세계화의 초기 단계로서 1980년대와 그 성숙 단계로서 1990

-2000년대를 연결하기 위해 금융세계화에 대한 설명을 한두 가지 추가하겠습니다. 먼저 금융화는 산업과 상업 같은 실물경제에 대한 금융의 우위를 의미하지요. 케인즈주의에 의해 억압되던 금융이 해방되면서 실물경제에 봉사하는 것이 아니라 오히려 실물경제를 지배하게 되거든요. 방금 설명한 증시의 복권이나 겸업화의 진전이 금융의 우위를 상징하는 것이에요.

금융화와 세계화를 결합하여 굳이 금융세계화라고 하는 것은 19세기 영국경제의 금융화와 20세기 미국경제의 금융화의 차이에 주목할 필요가 있기 때문입니다. 영국경제와 달리 미국경제는 본질적으로 초민족적이에요. 그래서 금융화의 주역도 초민족은행과 초민족기업일 수밖에 없지요. 금융화와 세계화를 결합하는 것은 금융화의 초민족적 성격을 강조하기 위한 것이에요.

그런데 금융화를 거품화와 동일시해서는 안 됩니다. 실물경제에 대한 금융의 지배를 투기나 심지어 사기로 환원할 수는 없거든요. 이런 설명은 금융과 실물경제의 관계를 너무 단순화하는 것이지요. 따라서 억압으로부터 해방된 금융으로 인해 실물경제 자체가 어떻게 금융화되는지를 설명할 필요가 있어요. 그런데 문제는 부르주아 경제학은 물론이고 마르크스주의에서도 아직까지 합의된 의견이 별로 없다는 것이지요.

자세한 설명은 『마르크스의 '자본'』(공감, 2009)을 참조하시기로 하고, 실물경제가 금융화되는 메커니즘을 간단하게 설명해보겠습니다. 실물경제, 특히 초민족기업이 금융화되는 것은 이른바 '주주가치의 최대화' 때문이에요. 금융세계화가 전개되면서 초민족기업을 평가하는 가장 중요한 기준은 주가와 시가총액이 되지요. 주가의 상승과 시가총액의 증가를 부르주아 경제학에서는 주주가치의 최대화라고 부르고 있어요.

주주가치의 최대화를 위해 주가를 상승시키고 시가총액을 증가시키도록 초민족기업의 경영자에게 압력을 가하는 것이 이른바 '주주행동주의'라는 것입니다. 참여연대에서는 주주행동주의를 소액주주운동이라고 부르는데, 오해의 여지가 많아요. 소액주주, 즉 경영권을 갖지 않는 주주는 개인투자가가 아니라 오히려 투자신탁기금(뮤추얼펀드)이나 연금기금 같은 기관투자가, 쉽게 말해서 초민족화된 금융을 의미하거든요.

어쨌든 주주행동주의와 주주가치최대화를 통해 초민족기업 자체가 탈산업화되는 동시에 금융화되는 것입니다. 쉽게 말해서 초민족기업이 실물경제적 축적이 아니라 오히려 금융적 축적을 지향한다는 것이에요. 1960년대 이전 성장기를 대표하던 제너럴모터스(GM)도 물론 그렇지만, 1970년대 이후 불황기를 대표하는 제너럴일렉트릭(GE)이 가장 대표적인 사례이지요.

1980년대 이후 최고경영자 잭 웰치의 주도로 제너럴일렉트릭은 금융화에 성공합니다. 그의 '비밀병기'라고 불리던 지이캐피탈이 제너럴일렉트릭의 핵심사업부로 부상하면서 그룹 전체의 이윤의 절반을 금융이윤이 차지하게 되는 것이지요. 탈산업화된 제너럴일렉트릭은 범용화된 가전제품의 생산을 중단한 지 이미 오래이고, 전력·항공우주·의료산업과 관련된 첨단제품만 생산할 따름이에요.

마지막으로 1980년대 이후 케인즈주의를 역전시키는 새로운 경제정책인 신자유주의가 출현합니다. 신자유주의는 금융의 우위를 보장하는데, 그 핵심은 저금리를 통해 증시를 부양한다는 데 있어요. 또 금융의 해방을 위해 다양한 규제·감독을 철폐하는데, 그 핵심은 겸업화를 허용하는 것이에요. 신자유주의의 이론적 토대가 바로 케인즈주의와 통화주의를 결합하는 새케인즈주의이지요.

1990-2000년대는 금융세계화의 성숙 단계입니다. 아까 그래프에서 본 것처럼 이윤율의 현실궤도는 상승하는데, 다만 이런 상승을 주도하는 것이 실물경제가 아니라 금융이라는 사실에 주목해야 하지요. 금융의 이윤율이 실물경제의 이윤율을 상회하면서 평균이윤율이 상승하거든요. 게다가 제너럴일렉트릭 같은 초민족기업도 탈산업화되면서 본격적으로 금융화되지요. 금융세계화의 성숙이 소련의 붕괴와 중국의 개혁·개방 같은 현실사회주의의 소멸을 그 조

건으로 한다는 사실에도 물론 주목할 필요가 있어요.

금융세계화의 성숙 단계인 1990-2000년대에는 몇 가지 특징이 있습니다. 먼저 겸업화가 본격적으로 전개된다는 사실에 주목해야 하지요. 물론 1980년대부터 겸업화가 시작되지만, 당시에는 법률에 대한 신축적 내지 자의적 해석을 통한 사실적 겸업화일 따름이에요. 그러나 1990년대에는 사실적 겸업화가 법률적 겸업화로 점차 전환되는데, 1999년에 제정된 금융서비스현대화법이 결정적이지요. 그 결과 1990년대 내내 논란이 되던 1933년의 글래스-스티걸은행법이 폐지되거든요.

또 1990년대에는 1980년대와 달리 이중적자의 규모가 얼마간 감소하는 대신 신경제거품이 형성됩니다. 그러나 신경제거품만 보고 금융세계화 전체를 거품화라고 단정해서는 안 되지요. 신경제를 대표하는 것은 제너럴일렉트릭이나 제너럴모터스가 아니라 정보통신기술(IT)과 관련되는 마이크로소프트(MS)나 인텔(Intel, Integrated Electronics)이거든요. 다우존스 상장기업과 나스닥 상장기업을 구별할 줄 알아야 한다는 말이에요.

2001년에 신경제거품이 붕괴하면서 금융세계화의 새로운 양상이 출현합니다. 이미 설명한 것처럼 1997년에 1969-70년 수준으로 상승한 평균이윤율은 2001년에 1974-75년 수준으로 다시 하락하지요. 그 와중에 1990년대 내내 평균이윤율의 상승을 주도해온 금융의 이윤율이 다시 실물경제의 이윤율로 수렴하는 것이에요. 달리 말해서 신경제거품이 붕괴하면서 실물경제의 이윤율보다 금융의 이윤율이 좀 더 급격하게 하락한다는 것이지요.

그래서 2002년부터 금융의 이윤율을 회복시키기 위한 시도가 출현하는 것입니다. 그것이 바로 증시와 주택시장을 결합하는 새로운 파생금융상품을 중심으로 하는 금융혁신인데, 물론 겸업화와 이중적자를 전제로 하는 것이지요. 금융혁신에 대해서는 금융위기의 단기적 원인과 관련하여 자세하게 설명하도록 하고, 여기서는 금융세계화의 새로운 양상과 관련하여 간단하게 설명하겠어요.

1990년대의 금융세계화와 달리 2000년대의 금융세계화에서는 증시와 함께 주택시장도 중요하게 됩니다. 그래서 증시와 주택시장을 결합하는 새로운 파생금융상품이 출현하는 것이지요. 이런 의미에서 2000년대의 금융세계화가 1990년대의 금융세계화를 완성한다고 할 수 있어요. 증시와 주택시장에 추가될 수 있는 자산시장은 아직까지 존재하지 않거든요. 생명공학기술(BT)에 주목하는 일부 논자가 제기하는 '인간시장'은 공상과학일 따름이에요.

어쨌든 이번에는 주택거품이 형성됩니다. 주택거품은 증시거품보다 훨씬 더 광범위한 것이지요. 사실 증시에 투자하는 것은 대부분 부르주아지인데, 관리직이나 전문직도 넓은 의미에서는 부르주아지라고 해야 하거든요. 물론 고스톱이나 전자오락 같은 노름판이 일상화된 남한에서는 노동자도 일부 증시에 참여하지만, 이것은 아주 예외적인 사례이지요. 증시의 대중적 토대란 그 자체로 모순적이라고 할 수밖에 없어요.

반면 주택시장은 대중적 토대를 갖는 것입니다. 쉽게 말해서 노동자도 대부분 집은 한 채 갖고 있거든요. 게다가 '주택시장의 민주화'로 인해 빈민도 자신의 집을 가질 수 있게 되지요. 그래서 노동자는 물론이고 심지어 빈민까지도 주택거품에 참여하게 되는 것이에요. 방금 설명한 것처럼, 앞으로 추가될 수 있는 자산시장도 더 이상 없는 데다가 앞으로 확대될 수 있는 대중적 토대도 더 이상 없다고 할 수 있어요.

2007년부터 주택거품이 붕괴되면서 금융세계화의 종언이 예고되고 있습니다. 더 이상 추가될 자산시장도 없고 더 이상 확대될 대중적 토대도 없으므로, 앞으로 금융세계화는 축소재생산을 통해 붕괴될 수밖에 없기 때문이지요. 이 대목에서 2000년대가 금융세계화의 절정이라는 사실을 확인할 수 있어요.

2000년대의 금융세계화는 군사세계화와 결합된다는 특징을 갖는 것이기도 합니다. 아프가니스탄 전쟁이나 이라크 전쟁은 금융세계화에 적합한 이른바 '세계적 통치성'(global governance)을 확보하기 위한 군사세계화를 상징하는 사건이지요. 달리 말해서 금융세계화와 군사세계화는 레닌적 의미에서 제국주의와 아무런 관련도 없다는 것이에요. 제국주의론은 19세기 말부터 20세기 초까지 출현한 유럽적 현상을 부당하게 일반화할 따름이거든요.

레닌적 의미에서 제국주의의 경제적 토대는 자본수출입니다. 아까 영국의 금융화와 미국의 금융화에 차이가 있다고 했는데, 전자의 특징은 금본위제를 토대로 하는 자본수출인 반면 후자의 특징은 달러본위제를 토대로 하는 자본수입이지요. 달리 말해서 제국주의론으로는 금융세계화, 특히 이중적자와 수출달러환류를 설명할 도리가 없다는 것이에요.

나아가 레닌적 의미에서 제국주의는 식민지로 자본을 수출하기 위해 군사적으로 경쟁합니다. 달리 말해서 제국주의론의 정치적 함의는 세계의 분할과 재분할을 둘러싼 제국주의적 전쟁의 필연성이지요. 영국이 식민지로 분할한 세계를 독일이 재분할하려고 시도하면서 두 차례의 세계전쟁이 발발하거든요. 반면 아프가니스탄 전쟁과 이라크 전쟁이 제국주의적 전쟁이 아니라는 것은 두말 할 나위도 없겠지요.

금융혁신과 신용의 증권화

이번 금융위기의 정세적 원인은 주택시장을 증시와 결합하는 새로운 파생금융상품을 중심으로 하는 금융혁신과 관련됩니다. 이런 금융혁신을 통해 주택이라는 부동자산(부동산)이 유동자산(동산)으로 전환되지요. 좀 더 구체적으로 말해서 모기지론과 모기지가 증권으로 전환된다는 것인데, 모기지론은 주택담보대출을 의미하고 모기지는 주택담보대출증서를 의미해요. 이렇게 부동자산과 유동자산의 경계가 소멸하는 것을 '유동화', 좀 더 정확하게 말해서 신용의 증권화라고 부를 수 있어요.

자세한 설명은 『마르크스의 '자본'』을 참조하시기로 하고, 신용과 증권의 관계에 대해 간단하게 설명하겠습니다. 금융은 자금의 융통을 의미하는데, 자본주의적 금융을 대표하는 것이 바로 은행이 공급하는 신용, 쉽게 말해서 대출 또는 대부이지요. 은행신용의 원천은 부르주아지의 예금인데, 물론 노동자도 얼마간 예금할 수는 있어요. 어쨌든 은행의 업무는 예금과 대부의 중개이지요.

그런데 예금을 토대로 하는 은행신용에는 한계가 있습니다. 은행신용의 한계를 극복하기 위해 새로이 출현하는 것이 바로 증권시장이지요. 자본주의적 금융에서 가장 중요한 증권시장에는 국채시장과 주식시장이 있어요. 국채시장을 토대로 해서 주식시장이 발전하는데, 마르크스의 말처럼 주식시장이 없었다면 철도 건설은 훨씬 뒤로 미뤄졌겠지요.

증권회사의 본업은 증권의 발행을 대행하는 것입니다. 어떤 기업이 주식시장에 상장하기 위해 공개를 하거나 이미 상장된 기업이 증자를 할 경우에 그 주식의 발행을 대행한다는 것이지요. 그밖에 기업의 인수·합병에 개입하는 것도 증권회사의 본업이에요. 그러나 증권회사는 부업으로 이미 발행된 주식의 유통을 중개하기도 합니다. 게다가 1980년대부터 부업이 본업을 압도하여 요즘은 부업으로 인한 이윤이 본업으로 인한 이윤의 2-3배나 되지요.

어쨌든 증권의 발행을 대행하거나 그 유통을 중개하는 증권회사의 업무는 예금과 대부를 중개하면서 신용을 공급하는 은행의 업무와 전혀 다른 것이라는 사실에 주목해야 합니다. 그래서 글래스-스티걸은행법이 은행업과 증권업의 결합을 금지한 것인데, 금융서비스현대화법이 제정되면서 겸업화가 본격화되고 급기야 신용이 증권화되는 것이에요. 신용을 증권화하는 파생금융상품 중 대표적인 것이 주택담보부증권과 부채담보부증권, 나아가 자산담보부기업어음과 신용부도스왑이지요.

먼저 주택담보부증권(MBS)은 미국의 독특한 주택담보대출과 관련되는 것입니다. 남한에도 주택담보대출이 있는데, 그것은 은행신용이지요. 집을 사려면 은행에 집문서를 맡기고 돈을 빌려야 하거든요. 반면 미국에는 주택담보대출에 전업화된 금융기관인 모기지회사가 있는데, 그것은 은행이 아니에요. 따라서 미국의 주택담보대출은 은행과 무관한 신용이지요.

모기지회사에는 두 가지가 있습니다. 정부가 소유·경영한다는 의미에서 공식자회사는 아닌 비공식자회사(GSE)라고 할 수 있는 국책 모기지회사가 있지요. 또 민간 모기지회사도 있는데, 은행의 공식·비공식자회사인 은행계 모기지회사와 은행과 무관한 독립계 모기지회사가 그것이에요. 그러나 국책이든 민간이든 또 은행계이든 독립계이든 모기지회사는 은행이 아니므로 예금과 대부를 중개하여 신용을 제공하는 것은 아니에요.

1970년대부터 국책 모기지회사인 패니메이와 프레디맥이 주택담보대출자금을 조달하기 위해 주택담보대출증서를 증권으로 전환하는 주택담보부증권을 판매합니다. 그런데 1990년대부터 민간 모기지회사가 증가하고, 급기야 특수목적전문회사(SPV)라고 불리는 가공회사(paper company)를 통해 주택담보부증권도 판매하지요. 그 결과 금융위기가 발생하기 직전인 2006년에 국책 주택담보부증권과 민간 주택담보부증권의 비중이 80% 대 20%에서 40% 대 60%로 역전되는 것이에요.

이미 30-40년전부터 존재했던 국책 주택담보부증권은 그 자체로 큰 문제가 아닙니다. 패니메이와 프레디맥은 국가가 보증하는 국책 모기지회사인 데다가 패니메이와 프레디맥의 주택담보대출은 주로 프라임(우량)이거든요. 쉽게 말해서 직업과 임금이 안정적인 관리직이나 전문직 같은 부르주아지를 대상으로 하는 주택담보대출이라는 것이지요.

문제는 바로 민간 주택담보부증권입니다. 2000년대에 들어와 민간 모기지회사의 주택담보대출에서 노동자는 물론이고 심지어 빈민을 대상으로 하는 서브프라임(비우량)의 비중이 급격하게 증가하거든요. 그러나 주택담보부증권을 다른 금융기관에게 판매할 수만 있다면, 민간 모기지회사로서는 주택담보대출자금의 회수에 대한 부담이 거의 없지요.

모기지회사가 판매하는 주택담보부증권을 구매하는 것이 바로 증권회사입니다. 그러나 모기지회사와 마찬가지로 증권회사도 은행은 아니므로 주택담보부증권을 구매하기 위한 자금을 다른 금융기관에서 조달해야 하지요. 그래서 주택담보부증권을 또 다른 증권으로 전환하여 투자신탁기금과 연금기금, 심지어 은행과 보험회사에게 판매하는 것이에요.

증권회사가 판매하는 부채담보부증권(CDO)이 2000년대 금융혁신의 핵심입니다. 부채담보부증권 없이 주택담보부증권이 급증할 수는 없거든요. 케인즈주의를 특징짓는 금융 억압은 은행업과 증권업의 겸업화를 금지하면서 증권업 자체도 규제·감독하는 것이에요. 케인즈가 '금리생활자의 안락사'를 주장하면서 염두에 둔 것이 바로 증권회사와 그 자회사인 투자신탁기금이거든요.

부채담보부증권은 서브프라임 주택담보부증권과 프라임 주택담보부증권을 혼합하는 것인데, 그것을 '구조화'라고 부르기도 합니다. 부도위험이 거의 없는 프라임 주택담보부증권과 혼합함으로써 서브프라임 주택담보부증권의 부도위험을 최소화할 수 있다는 것이에요. 게다가 부도위험이 거의 없는 다른 증권과도 혼합하는데, 가장 중요한 것이 대기업이 발행하는 회사채이지요.

『마르크스의 '자본'』에서 설명한 것처럼, 증권에는 국채와 주식 말고도 회사채가 있습니다. 회사채는 국채와 주식을 혼합하는 이중적 성격을 갖는 증권이지요. 회사채는 국채와 마찬가지로 만기와 이자가 확정되어 있는 채권인 동시에 주식과 마찬가지로 조달되는 자금이 고정자본으로 투자되거든요. 회사채는 국채만은 못하지만 주식보다는 안전한 증권이라고 할 수 있어요.

어쨌든 대기업의 회사채나 프라임 주택담보부증권과 혼합함으로써 서브프라임 주택담보부증권의 부도위험을 최소화하는 부채담보부증권을 통해 금융기관 전체가 연결되는 것입니다. 모기지회사의 주택담보부증권이 증권회사의 부채담보부증권을 거쳐서 투자신탁기금과 연금기금, 심지어 은행과 보험회사로 전달되거든요. 게다가 부채담보부증권으로 인해 주택담보부증권의 규모가 기하급수적으로 증가하게 되는 것이지요.

증권회사는 자회사인 구조화투자전문회사(SIV)를 통해 부채담보부증권을 구매하기도 합니다. 투자신탁기금의 변종인 구조화투자전문회사는 자금을 조달하기 위해 자산담보부기업어음(ABCP)을 판매하는데, 그것을 구매하는 것이 투자신탁기금의 또 다른 변종인 화폐시장기금(MMF)이지요. 이렇게 해서 부채담보부증권이 자산담보부기업어음으로 전환되기도 하는 것이에요.

마지막으로 신용부도스왑(CDS)은 부채담보부증권 같은 파생금융상품의 부도위험에 대해 보증하는 것입니다. 보험회사가 부도위험과 보험료를 교환한다는 것이에요. 신용부도스왑은 증권회사가 아니라 은행이 발명하는데, 1997년에 모건체이스은행이 미국국제그룹(AIG)을 대신하여 상품화하지요. 2005년에 그것이 보증하는 파생금융상품의 규모를 상회하여 2007년에는 그 3배에 도달하는 신용부도스왑을 '금융대량살상무기'라고 불러요. 보험회사의 위기로 인해 증권회사는 물론이고 은행의 위기도 발생할 수 있거든요.

이렇게 듣도 보도 못한 금융혁신의 주역은 1980년대부터 월가로 진출하기 시작한 수학자와 물리학자입니다. 1970년대부터 미국경제가 불황기로 진입하면서 금융혁신이 기술혁신을 대체했음을 증거하는 에피소드라고 할 수 있지요. 그러나 신용을 증권화하는 금융혁신의 경제학적 근거는 아주 빈약하다는 데 문제가 있어요.

이번 금융위기를 진정시킨 주인공은 연준의 의장인 버냉키인데, 그는 생존하는 가장 탁월한 부르주아 경제학자 중 한 사람입니다. 역사에서 개인이 중요한 역할을 하는 경우도 있는데, 이번이 그렇다고 할 수 있어요. 만약 버냉키가 없었다면, 2009년에 2차 대불황이 발생했을지도 몰라요. 그런데 그런 버냉키조차도 새로운 파생금융상품과 관련된 금융혁신의 수학적 모형을 이해할 수 없다고 고백하고 있지요.

금융위기의 전개과정과 정책대응

금융위기의 전개과정과 재무부와 연준의 정책기조

금융위기의 전개과정과 재무부와 연준의 정책기조를 설명하기 전에 미리 경제위기와 금융위기의 관계에 대해 설명해둘 필요가 있습니다. 경제위기의 가장 중요한 지표인 이윤율의 운동은 구조적으로 결정되기도 하고 정세적으로 결정되기도 하지요. 그래서 경제위기를 구조적 위기와 순환적 위기로 구별하는 것이에요. 정세와 순환은 거의 동일한 개념인데, 정세(conjuncture)는 순환(cycle)의 특수한 국면을 의미하거든요.

『마르크스의 '자본'』에서 설명한 것처럼, 마르크스는 주로 자본축적론의 관점에서 구조적 위기를 분석합니다. 구조적 위기는 자본주의적 축적의 판별적 특징인 편향적 기술혁신 때문에 발생하지요. 달리 말해서 노동을 절약하고 고정자본을 소비하는 기술혁신 때문에 이윤율이 하락한다는 것이에요. 그래서 구조적 위기의 원인은 편향적 기술혁신으로 인한 이윤율의 하락이라고 할 수 있어요.

그러나 마르크스가 순환적 위기를 무시한다는 말은 아닙니다. 그 자신이 경기순환이 발생할 수 있는 다양한 원인을 지적하고 있거든요. 그러나 문제는 그런 다양한 원인을 결합하는 것은 아니라는 데 있어요. 게다가 순환적 위기를 구조적 위기와 어떻게 결합할 수 있다는 것인지도 분명치 않아요. 그래서 마르크스주의자들 사이에서 경제위기론을 둘러싸고 논쟁이 전개될 수밖에 없는 것이지요.

마르크스주의적 경제위기론 논쟁의 출발점은 『자본』 1권의 자본축적론이 아니라 2권의 재생산표식론입니다. 마르크스는 확대재생산을 실현할 수 있는 조건으로 부문간 비례성을 도출하는데, 이것은 경제성장률이 일정한 국민소득성장의 지속상태(steady state)를 의미하지요. 반면 마르크스가 도출하는 자본축적론의 기본방정식에서 자본성장률은 이윤율에 비례하는데, 이것은 이윤율이 하락함에 따라서 자본성장률도 하락하는 고정자본성장의 정상상태(定常狀態, stationary state)를 의미하는 것이에요.

어쨌든 마르크스가 도출하는 부문간 비례성은 부르주아 경제성장론처럼 말해서 균형의 존재를 증명하는 것입니다. 그런데 경제성장론과 달리 경기순환론에서 문제가 되는 것은 균형의 존재가 아니라 안정성이에요. 균형의 안정성은 단기적 불균형인 경기순환을 통해 장기적 균형인 경제성장이 실현된다는 의미이지요. 마치 시장가격이 생산가격을 중심으로 순환하는 것처럼 지속상태를 중심으로 경기침체와 경기회복이 반복되거든요. 이런 의미에서 순환적 위기는 곧 경기침체라고 할 수 있어요.

마르크스주의적 경제위기론 논쟁에서 순환적 위기를 설명하는 한 가지 원인은 부문간 불비례입니다. 경기가 과열되면서 한 부문에서 상품이 과잉생산되고 재고가 축적되어 이윤율이 하락한다는 것이에요. 당연한 말이겠지만, 한 부문의 과잉생산은 다른 부문의 과소소비를 의미하는데, 이것이 부분적(partial) 과소소비·과잉생산, 즉 부문간 불비례로 인한 순환적 위기이지요.

그러나 두 부문에서 동시에 과소소비·과잉생산이 발생할 수도 있는데, 이것이 전반적(general) 과소소비·과잉생산으로 인한 순환적 위기입니다. 부분적 과소소비·과잉생산으로 순환적 위기를 설명하는 것을 불비례설이라고 부르는 반면 전반적 과소소비·과잉생산으로 순환적 위기를 설명하는 것을 과소소비설이라고 부르는 것이 관례적 용어법이지요. 물론 불비례설에 비해서 과소소비설이 타당하다고 할 수 있어요.

나아가 경기과열로 인해 실업자가 감소하면서 임금률이 상승하고, 그 압박 때문에 이윤율이 하락하면서 자본이 과잉생산되는 순환적 위기가 발생하기도 합니다. 이렇게 상품의 과잉생산이 아니라 자본의 과잉생산에 주목하는 것을 과잉축적설이라고 부르기도 하는데, 자본의 과잉생산은 곧 자본의 과잉축적을 의미하기 때문이지요. 자본의 과잉생산은 상품의 과잉생산을 포함하는 것이므로 과소소비설보다 과잉축적설이 타당하다고 할 수 있어요.

여기서 구조적 위기를 설명하는 과잉축적설과 순환적 위기를 설명하는 과잉축적설을 구별할 필요가 있습니다. 전자와 구별하기 위해 후자를 임금-이윤압박설이라고 부르는 것이 관례적 용어법이지요. 편향적 기술혁신에 주목하는 전자와 달리 후자는 임금-이윤압박에 주목하기 때문이에요.

불비례, 과소소비, 임금-이윤압박 같은 실물경제적 원인 이외에도 금융적 원인으로 인해 순환적 위기가 발생할 수 있습니다. 마르크스가 제시하는 부문간 비례성의 조건은 화폐가 아니라 은행신용을 통해서 만족될 수도 있는데, 경기과열로 인해 은행신용에 대한 수요가 증가하면서 이자율은 상승하고 이윤율은 하락하지요. 급기야 기업의 파산으로 인해 신용위기가 발행하면, 이자율이 급등하고 이윤율이 급락하면서 순환적 위기가 발생하는 것이에요.

사실 구조적 위기와 순환적 위기에서 이윤율은 서로 다른 것입니다. 구조적 위기와 관련되는 장기적 이윤율은 이윤과 고정자본의 비율을 의미하는 반면 순환적 위기와 관련되는 단기적 이윤율은 이자와 조세를 공제한 이윤과 재고와 금융자산을 추가한 고정자본의 비율을 의미하거든요. 따라서 장기적 이윤율이 단기적 이윤율의 상한이므로, 전자가 하락하면 후자도 하락하기 마련이지요. 그래서 두 이윤율을 구별하지 않은 것이에요.

어쨌든 시장가격론과 마찬가지로 경기순환론도 별로 큰 문제는 아닙니다. 문제는 균형이 불안정적이어서 경기침체가 경기회복으로 반전되는 것이 아니라 오히려 대불황으로 심화되는 경우이지요. 균형의 불안정성을 야기하는 가장 중요한 요인은 금융위기인데, 그래서 버냉키처럼 금융가속기로 인해 경기침체가 대불황으로 심화된다고 주장할 수 있는 것이에요.

금융가속기는 금융위기의 순환적 성격이 아니라 구조적 성격을 강조하는 것입니다. 달리 말해서 단순한 신용위기가 아니라 은행위기가 문제라는 것이에요. 경기침체로 인해 기업이 파산하고, 그 결과 은행의 대부가 부실화되어 은행도 파산하는 것이 은행위기이지요. 그럴 경우 은행신용이 급격하게 축소되면서 기업의 파산이 더욱 확산되고, 그 결과 경기침체가 대불황으로 심화된다는 것이에요.

가속기(accelerator)라는 개념은 부르주아 경기순환론에서 유래하는 것입니다. 케인즈의 경기순환론은 과소소비설의 일종인 승수원리인데, 해로드가 이것을 가속도원리와 결합하거든요. 승수원리는 투자로 국민소득을 설명하는 반면 가속도원리는 국민소득의 변동으로 투자를 설명하지요. 국민소득이 아니라 그 변동, 즉 수학적으로 말해서 국민소득의 도함수가 문제라는 의미에서 가속도원리라고 부르는 것이에요.

반면 국민소득의 변동이라는 실물경제의 가속기가 아니라 은행신용의 변동이라는 금융의 가속기에 주목하는 것이 피셔의 부채-디플레이션론입니다. 피셔에 따르면, 금융위기가 발생할 경우 기업은 부채, 즉 은행신용을 상환하기 위해 자산, 즉 고정자본이나 금융자산을 매각하지요. 은행신용의 상환은 통화량을 감소시키는데, 그 결과 화폐수량설에 따라서 디플레이션이 발생하는 것이에요. 이것이 바로 부채-디플레이션이지요.

그런데 피셔의 부채-디플레이션론을 케인즈주의적으로 해석할 수도 있습니다. 먼저 민스키는 자산의 매각으로 인해 자산가격이 하락하면서 기업의 파산이 발생할 수 있다고 주장하지요. 그 결과 투자가 감소하면서 국민소득도 감소할 수 있다는 것이에요. 반면 버냉키는 기업의 파산으로 인해 은행의 자산인 대부가 부실화되면서 은행도 파산할 수 있다는 사실을 강조해요. 또 은행의 파산으로 인해 은행신용이 급격하게 축소되면서 기업의 파산은 더욱 확산되지요. 그 결과 경기침체가 대불황으로 심화된다는 것이에요.

물론 1930년대처럼 증시붕괴가 발생한다면, 은행위기는 더욱 심화될 것입니다. 겸업화된 은행의 자산에서 증권의 비중이 급증하거든요. 그래서 증시붕괴로 인해 은행의 자산이 부실화되면서 은행이 파산할 수 있다는 것이에요. 나중에 더블딥과 관련하여 설명할 것처럼, 은행위기와 증시붕괴뿐만 아니라 또한 재정위기와 달러위기에도 주목해야 합니다. 이런 의미에서 이번 금융위기는 1990년대부터 본격화된 금융세계화의 종언을 예고한다고 할 수 있어요.

여기서 마르크스주의적 경제위기론 논쟁의 한계에 대해서도 주목할 필요가 있습니다. 경제성장론인 확대재생산표식론의 균형, 즉 지속상태가 아니라 자본축적론의 균형, 즉 정상상태를 고려해야 하거든요. 이번 금융위기에서 금융가속기의 위력이 더욱 클 수밖에 없는 것은 1930년대 대불황과 달리 이윤율이 상승하는 경향이 아니라 하락하는 경향이기 때문이에요. 이번 금융위기가 2차 대불황을 예고한다는 것은 논란의 여지가 없어요.

어쨌든 마르크스주의적 경제위기론은 경기순환론과 자본축적론, 달리 말해서 순환적 위기론과 구조적 위기론을 결합하는 것일 수밖에 없습니다. 게다가 순환적 위기와 구조적 위기의 결합을 설명하면서 실물경제적 원인보다는 오히려 금융적 원인에 주목해야 하는데, 그것이 바로 금융가속기라는 것이에요.

반면 순환적 위기와 구조적 위기를 혼동하는 경우도 있는데, 쉽게 말해서 순환적 위기의 심화로 인해 구조적 위기가 발생한다는 것입니다. 마르크스주의와 케인즈주의를 결합하는 조절이론과 사회적 축적구조론이 그것이에요. 조절이론은 과소소비 자체로 구조적 위기를 설명하려는 시도인 반면 사회적 축적구조론은 임금-이윤압박만으로 구조적 위기를 설명하려는 시도이지요.

이제 금융위기의 전개과정을 개관하면서 재무부와 연준의 정책기조를 설명해보겠습니다. 금융위기가 전개되면서 다양한 정책이 실행되는데, 그 기조는 여전히 겸업화라고 할 수 있어요. 그래서 은행으로 하여금 부도위험에 처한 증권회사를 인수·합병하게 하거나 아니면 증권회사가 은행으로 전환하는 것을 허용하는 것이지요. 부르주아 경제학에서도 겸업화와 인수·합병이 오히려 대마불사라는 난제를 제기할 따름이라는 비판이 제기되기도 하는데, 그러나 아직 소수 의견일 따름이에요.

금융위기의 단초는 2006년 8월로 소급합니다. 그 때부터 주택가격이 하락하기 시작하기 때문이지요. 주택담보부증권, 부채담보부증권, 자산담보부기업어음, 신용부도스왑 같은 파생금융상품은 주택가격의 상승이 영원히 지속될 것이라는 가정에 근거하는 것이에요. 그러나 주택가격이 하락하면서 금융혁신의 수학적 모형이 경제적 현실과 괴리되는 것이지요.

그 결과 2007년 2월부터 서브프라임 주택담보부증권의 부도위험이 급격하게 상승하는 서브프라임 위기가 발생합니다. 그러나 당시까지는 부채담보부증권이나 신용부도스왑으로 서브프라임 위기의 전염을 예방할 수 있다는 것이 중론이었지요. 물론 예외적으로 루비니 같은 부르주아 경제학자는 서브프라임 위기가 금융위기로 심화될 가능성을 경고했지만요.

실제로 신용위기가 발생하는 것은 2007년 8월입니다. 방금 설명한 것처럼 신용위기는 순환적 성격인데, 그래서 신용위기를 유동성위기라고 부르기도 하지요. 쉽게 말해서 신용경색으로 화폐기근이 발생한다는 것이에요. 서브프라임 위기가 전염되면서 화폐시장기금이 더 이상 자산담보부기업어음을 구매하지 않게 되고, 그 결과 유동성위기가 발생하지요. 이번 금융위기를 2007-09년 금융위기라고 부르는 것은 이 때문이에요.

그런데 2008년 3월에 베어스턴스의 부도위험이 발생하면서 순환적 성격의 유동성위기가 구조적 성격의 건전성위기로 심화됩니다. 베어스턴스는 미국 5위, 따라서 세계 5위의 증권회사이지요. 베어스턴스의 부도위험을 해결하는 과정에서 재무부와 연준의 정책기조가 겸업화와 인수·합병이라는 사실이 확인되는데, 모건체이스은행으로 하여금 베어스턴스를 인수·합병하게 하거든요.

2008년 9월에 증권회사의 건전성위기가 본격화됩니다. 이번에는 3위 메릴린치와 4위 리먼브러더스의 부도위험이 발생하기 때문이지요. 그래서 메릴린치는 아메리카은행(BOA)이 인수·합병하는 반면 인수·합병할 은행이 없는 리먼브러더스는 결국 파산하지요. 당시에 한국산업은행이 리먼브러더스를 인수·합병하겠다고 나섰다가 기획재정부의 만류로 그만두었는데, 정말 끔찍한 순간이었어요. 남한경제가 이번 금융위기의 직격탄을 맞을 뻔했거든요.

결국 5대 증권회사 중 1위 골드먼삭스와 2위 모건스탠리만 남게 되는데, 재무부와 연준은 부도위험을 예방하기 위해 구제금융을 제공합니다. 다만 증권회사에게 구제금융을 제공할 수는 없으니까 은행으로의 전환을 허용하는 편법을 사용하지요. '눈가리고 아웅'인 셈인데, 내용적으로는 증권회사이지만 형식적으로는 은행으로 취급한다는 것이거든요.

재무부와 중앙은행이 구제금융을 제공할 수 있는 것은 은행밖에 없습니다. 대표적인 것이 예금보험인데, 파산한 은행을 국유화하여 예금자를 보호해주는 제도이지요. 미국에서는 이번에 그 한도를 10만달러에서 25만달러로 인상하는데, 남한에서는 그 20%인 5000만원이에요. 예금보험의 한도분은 은행의 보험료로 지불하고 그 초과분은 몇 년 지나서 은행이 회생할 때 지불한다는 것이지요. 하여튼 돈을 떼먹지는 않겠다는 것이에요.

그러나 증권회사는 그렇게 할 수도 없고 해서도 안 됩니다. 증권은 돈 놓고 돈 먹기인 셈이거든요. 노름판에서 돈을 잃었다고 해서 국가가 보상해줘야 한다는 법은 어디에도 없어요. 물론 남한에서는 가끔 그런 웃기지도 않는 일이 벌어지기도 하지만요. 1997-98년 경제위기 당시에 종합금융회사(종금사)에 돈을 맡긴 투기꾼들이 난동을 벌인 적이 있는데, 종금사는 일종의 증권회사이지요.

물론 아직까지 은행의 건전성위기가 발생한 것은 아닙니다. 그러나 은행과 증권회사가 겸업화되어 있는 데다가 부채담보부증권을 매개로 해서 아주 복잡하게 연결되어 있지요. 또 신용부도스왑을 매개로 해서 보험회사도 연루되어 있어요. 증권회사의 건전성위기가 언제라도 은행과 보험회사의 건전성위기로 전염될 수 있는 상황이라는 말이에요.

그래서 2008년 10월에 다우존스가 1주일 동안 23%나 급락한 것입니다. 그 결과 2007년 10월의 고점과 대비하여 40% 하락하게 되지요. 그러나 증시가 붕괴한 것은 아닌데, 1930년대 대불황에서는 80-90%나 폭락하거든요. 쉽게 말해서 증시붕괴는 거의 모든 주식이 휴지조각이 되는 상황을 의미한다는 것이에요.

방금 설명한 것처럼, 은행이 파산하고 증시가 붕괴하는 금융가속기로 인해 경기침체가 대불황으로 심화되는 것입니다. 2008년 9-10월도 자칫하면 그렇게 될 수 있는 아주 심각한 상황이었지요. 물론 무슨 일이 벌어지고 있는지 모르면, '오늘 밤도 편안히들 주무시고 계실' 수는 있겠지요. 그러나 식자유환(識者有患)이라고, '밤이 너무 긴 것 같은 생각에 아침을 보러 하는' 사람도 있는 법이에요.

여담이지만, 버냉키는 저보다 한 살 많은데, 부르주아 경제학자이지만 참 대단한 사람입니다. 그는 금융위기가 폭발한 후 거의 하루도 퇴근한 적이 없다고 해요. 미국에서는 버냉키를 '경제대통령'이라고 부르는데, 사실 오바마보다도 중요한 사람이라고 할 수 있어요. 연준의장실에서 침식을 해결하면서 은행위기와 증시붕괴를 예방함으로써 2차 대불황을 저지한 사람이 바로 버냉키이거든요.

그러나 나중에 금융위기의 전망과 관련하여 설명할 것처럼, 버냉키가 은행위기와 증시붕괴를 해결한 것은 아닙니다. 그래서 부르주아 경제학의 일각에서 더블딥의 가능성에 주목하는 것이지요. 조만간 금융위기가 재발할 경우에는 이번 같은 정책대응이 불가능하기 때문에 경기침체도 재발하면서 2차 대불황이 발생할 수 있다는 것이에요. 그래서 벌써 플랜 B를 준비하고 있는데, 이따가 설명할 것처럼, 그 핵심은 동아시아와 관련되지요.

이번 금융위기를 특징짓는 역설은 2008년 8월부터 달러가치가 강세로 반전된다는 것입니다. 금융위기가 폭발하면서 미국의 국채가 가장 안전한 금융자산이라는 사실이 증명된 셈이에요. 재무부증권을 구매하기 위해서는 달러가 필요하고, 달러에 대한 수요가 증가하니까 그 가치가 상승하는 것이지요. 그래서 2008년 9-10월의 금융위기가 은행위기나 증시붕괴, 나아가 재정위기나 달러위기로 심화되지도 않은 것이에요.

여담이지만, 2차 대불황이 발생할 경우 그나마 건실한 것은 미국경제입니다. 유럽은 거의 희망이 없는데, 조만간 유럽연합이 해체될 수 있다는 전망도 종종 제기되거든요. 동아시아의 상황도 물론 문제가 아주 많아요. 일본은 이미 노령화되었고, 남한도 거의 그 문턱에 다다랐고, 중국의 노령화 속도는 경제성장의 속도만큼이나 놀랄 정도라고 해요. 물론 미국에서도 노령화가 문제인데, 그러나 나름대로 대책이 있어요. 본래 이민국가인 미국은 오늘도 이민정책을 지속하고 있거든요.

이 대목에서 볼 때 남한은 시대착오적입니다. 노무현 정부가 구상하던 이중국적을 이명박 정부가 실현하고 있거든요. 미국 영주권자에게 투표권을 준다고 하는데, 정신 나간 사람들이라는 생각이 들어요. 대표자를 선출할 수 있는 투표권의 전제는 조세 납부라는 것이 부르주아 민주주의의 기본원리이거든요. 김영삼-김대중 정부가 전두환-노태우 정부를 계승한 것처럼, 노무현 정부를 계승한 것이 이명박 정부라는 것이 제 생각이에요.

노령화 문제를 생각하든 저출산 문제를 생각하든 동남아시아·남아시아 이주노동자에게 영주권과 시민권을 주는 것이 옳다는 사실은 금방 깨달을 수 있습니다. 쉽게 말해서 이민정책을 제대로 수립하자는 것이지요. 미국처럼 성실하게 노동을 하고 세금도 잘 내면 영주권을 주고, 몇 년 후에는 시민권도 준다면, 노령화 문제든 저출산 문제든 쉽게 해결할 수 있다는 것이 제 생각이에요.

재무부의 구제금융

이제 은행위기를 예방한 정책에 대해서도 설명해보겠습니다. 먼저 재무부의 구제금융, 즉 2008년 10월에 시작된 7000억달러의 부실자산구제계획(TARP)이 있지요. 그것은 1930년대 대불황을 해결한 재건금융공사(RFC)를 부활시킨 것인데, 그 핵심은 은행의 부도위험을 예방하기 위해 은행의 증자에 참여하는 것이에요. 또 방금 설명한 것처럼, 연방예금보험공사(FDIC)는 예금보험의 한도를 10만달러에서 25만달러로 인상하지요. 재건금융공사는 1932년에 설립되고 연방예금보험공사는 1934년에 설립되는 것이에요.

재무부의 구제금융은 증자라는 방식으로 실행되는 사실적 국유화입니다. 다만 '한시적'이라는 전제가 있는데, 조만간 사유화하겠다는 의미이지요. 또 재무부가 경영에 참여하는 것도 아니에요. 그래서 국유화(nationalization) 대신 파산후견(conservatorship) 또는 파산관리(receivership)라는 용어를 사용하는 것이지요. 연방예금보험공사의 구제금융인 예금보험도 마찬가지예요.

사실 정부가 소유하되 민간이 경영하는 기업(GO-PO)이라는 전통도 1930년대 대불황으로 소급하는 것입니다. 은행위기가 해결된 다음에도 실물경제가 회복되지 않자 1940년에 재건금융공사가 방위설비공사(DPC)라는 자회사를 설립하거든요. 민간기업에게 경영을 위탁한 국유기업인 방위설비공사가 전시 고정자본투자의 60%를 담당하고, 전후에 그 거대한 고정자본이 위탁 경영을 담당하던 민간기업에게 염가로 불하되지요. 그러면서 미국경제가 1950-60년대의 황금기로 진입하게 되는 것이에요.

은행위기를 예방한다고 해서 실물경제가 회복되는 것은 아니라는 사실을 다시 한번 강조할 필요가 있습니다. 1939년에 2차 세계전쟁이 발발한 다음에야 비로소 대불황이 종료되거든요. 물론 전쟁 자체가 대불황을 종식시킨 것은 아니지요. 그래서 재건금융공사와 방위설비공사의 역할에 주목해야 하는 것이에요. 나중에 금융위기의 전망과 관련하여 설명할 것처럼, 당시에는 기술혁신으로 인해 이윤율의 상승 경향이 출현한다는 사실도 물론 중요하지요.

재무부의 구제금융을 통해 국유화된 은행이 바로 미국 1위이자 세계 1위이던 씨티그룹입니다. 2008년 10월과 11월 두 차례에 걸친

450억달러의 구제금융을 통해 사실상 국유화된 씨티그룹은 급기야 2009년 2월에 법률적으로 국유화되지요. 구제금융을 통해 보유하게 된 우선주의 절반 이상을 보통주로 전환하면서 재무부가 최대 주주가 되거든요.

『마르크스의 '자본'』에서 설명한 것처럼, 주식은 보통주와 우선주로 구별됩니다. 상식적으로 알고 있는 주식이 보통주인데, 보통주를 보유하는 주주는 배당금에 대한 권리를 행사하는 동시에 주주총회에 참여하여 자신이 보유하는 주식에 비례하여 의결권을 행사할 수 있지요. 반면 우선주를 보유하는 주주에게는 의결권이 없는 대신 배당금이 평균치보다 많은 데다가 아예 확정되어 있어요. 따라서 우선주는 주식이면서도 회사채와 유사하지요.

재무부가 우선주를 보통주로 전환하는 것은 의결권을 행사하기 위한 것입니다. 이렇게 사실적 국유화가 법률적 국유화로 전환되면서 두 가지 주장이 제기되지요. 먼저 씨티그룹의 지배구조를 변경하자는 것인데, 좀 더 구체적으로 말해서 기존의 소유자를 청산하는 동시에 경영자도 교체하자는 것이에요. 또한 구조조정을 통해 겸업화를 부분적으로나마 해체하자는 주장도 제기되지요. 그러나 지배구조의 변경과 달리 구조조정은 실행가능성이 전혀 없는데, 이미 설명한 것처럼, 겸업화와 인수·합병이 정책기조이거든요.

여담이지만, 이번에 상하이그룹이 쌍용자동차의 경영권을 포기하면서 구조조정이라는 쟁점이 제기되고 있습니다. 그런데 남한에서는 구조조정을 정리해고로 환원하면서 쟁점을 축소하고 있어요. 지엠대우도 마찬가지이지만, 쌍용자동차의 가장 큰 문제는 독자적으로 생존할 수 없는 국제하청기업이라는 데 있거든요. 파산법원이 강제인가를 통해 쌍용자동차를 회생시키겠다고 하는데, 그렇게 되더라도 결국에는 외국자본에게 다시 매각되겠지요.

어쨌든 재무부가 구제금융을 통해 씨티그룹을 국유화한 것은 은행위기를 예방하기 위한 것입니다. 그런데 보험회사의 부도위험이 발생하면서 미국 1위이자 세계 1위이던 미국국제그룹도 구제금융을 통해 사실상 국유화되지요. 2008년 9월부터 2009년 5월까지 여러 차례에 걸쳐서 미국국제그룹에 제공된 구제금융은 씨티그룹의 4배가 넘는 1825억달러예요.

아까 설명한 것처럼, 미국 1위이자 세계 1위의 증권회사이던 골드먼삭스에게는 은행으로의 전환을 허용하여 구제금융을 제공했는데, 증권회사의 경우처럼 보험회사에 대한 구제금융은 경제학적 근거가 전혀 없습니다. 증권은 돈 놓고 돈 먹기의 노름판이라고 했는데, 보험은 일종의 계라고 할 수 있거든요. 어떤 동네의 계모임에서 계주가 먹고 튀었다고 해서 국가가 곗돈을 물어줘야 한다는 법은 어디에도 없어요.

그러나 미국국제그룹이 파산한다는 것은 신용부도스왑이 휴지조각이 되어버린다는 것을 의미합니다. 게다가 신용부도스왑이 휴지조각이 되어버리면, 부채담보부증권은 물론이고 주택담보부증권이나 자산담보부기업어음도 휴지조각이 되어버리는 것이지요. 달리 말해서 미국국제그룹의 국유화는 증권회사와 은행, 특히 골드먼삭스와 아메리카은행의 파산을 예방하기 위한 고육지책이라고 할 수 있다는 것이에요.

이번 금융위기가 실물경제에 끼친 영향을 상징하는 사건은 2009년 7월에 미국 1위이자 세계 1위의 자동차회사이던 제너럴모터스가 재무부의 구제금융을 통해 법률적으로 국유화된 것입니다. 물론 재건금융공사의 자회사인 방위설비공사는 아직까지 부활하지 않았지요. 그러나 제너럴일렉트릭과 함께 20세기 미국경제를 대표하던 기업인 제너럴모터스가 국유화가 된 것은 2차 대불황을 예고하는 상징적 사건이에요.

씨티그룹이나 미국국제그룹의 경우도 마찬가지이지만, 제너럴모터스의 국유화도 사회주의와는 아무런 관련이 없습니다. 과거에 레닌이나 마오가 실행한 사회주의적 국유화는 무상몰수이지요. 미테랑 정부나 차베스 정부의 국유화도 사회주의적인 것은 아닌데, 무상몰수가 아니라 유상매입이거든요. 물론 재무부가 실행하는 국유화는 무상몰수는커녕 유상매입조차도 아니고 은행과 기업의 파산을 예방하기 위한 구제금융일 따름이에요.

부르주아 경제학에도 국유화론이 있습니다. 토지의 국유화를 논외로 한다면, 가장 대표적인 사례는 중앙은행의 국유화와 교통·통신이나 전기·가스·수도 같은 사회간접자본의 국유화라고 할 수 있지요. 물론 미국은 예외인데, 자유기업의 원리에 따라 중앙은행과 사회간접자본을 사유화하거든요. 대신 이윤율의 최대화를 제한하는 다양한 규제와 감독을 통해 중앙은행과 사회간접자본의 공공성을 강제하지요.

마지막으로 2009년 2월에 의회에서 통과된 7870억 달러의 미국재건재투자법(ARRA)이 있습니다. 재정적자를 통해 경기를 부양하려는 이 법의 핵심은 가계에 대한 감세와 교육·보건의료·사회안전망과 관련된 이전지출이지요. 그런데 감세와 이전지출 같은 재정완화정책을 통해 금융위기를 해결할 수는 없어요. 다만 정리해고자의 증가나 자영업자의 몰락 같은 실물경제에 대한 금융위기의 효과를 완화시키려는 것이 목표이지요.

게다가 재정완화정책에는 한계가 있습니다. 조금 이따가 더블딥 논쟁과 관련하여 설명할 것처럼, 재정적자로 인한 국채의 누적, 즉 재정위기의 가능성도 염두에 두어야 하거든요. 재정위기의 발생은 곧 달러위기의 발생을 의미하는 것이기도 한데, 그럴 경우 발권이익과 이중적자는 더 이상 지속될 수 없게 되지요. 따라서 무엇보다도 은행위기를 예방하는 것이 급선무이고, 그런 정책대응의 하나가 방금 설명한 재무부의 구제금융과 이제부터 설명할 연준의 통화완화정책이에요.

연준의 통화완화정책과 스트레스테스트

연준의 통화완화정책(ME)은 본원통화의 가격과 수량을 완화하는 것입니다. 먼저 가격완화정책(PE)은 기준금리인 연방기금금리를 인하하는 것인데, 그것은 은행과 고객간에 적용되는 예·대금리가 아니라 은행간에 적용되는 일종의 콜금리를 의미하지요. 콜금리는 초단기 자금거래에 적용되는 금리를 의미하고, 연방기금금리는 연준에 예치된 지불준비금인 연방기금의 1일 거래에 적용되는 금리이거든요.

아까 2007년 8월부터 신용위기가 시작된다고 했는데, 당시 연방기금금리는 5.25%였습니다. 그러나 그 다음 달인 9월부터 인하되기 시작한 연방기금금리는 2008년 12월에는 결국 0.25 내지 0%까지 하락하지요. 굳이 0%라고 하지 않고 0.25 내지 0%라고 하는 것은 돈을 공짜로 빌려준다면 이상한 일이기 때문이에요. 그러나 금리가 제로까지 인하된 것도 사실이므로 제로금리정책(ZIRP)이라고 부르기도 하지요.

그런데 문제는 마이너스 금리가 불가능하다는 데 있습니다. 돈을 공짜로 빌려주는 것도 이상한 일이지만, 더더군다나 웃돈까지 얹어주는 것은 생각조차 할 수 없는 일이거든요. 그래서 제로금리정책으로 은행위기를 예방할 수 없을 경우에는 과연 어떤 정책을 실행할 수 있는가라는 문제가 제기되는 것인데, 버냉키는 그럴 경우에는 수량완화정책(QE)을 실행하면 된다고 주장하지요.

방금 설명한 재무부의 구제금융과 거의 동시에 본격화되는 연준의 수량완화정책은 쉽게 말해서 구제금융을 제공하기 위해 본원통화인 달러를 신규로 발행하는 것입니다. 2008년 말 서너 달 동안에 신규로 발행된 9000억달러는 은행이나 은행으로 전환된 증권회사는 물론이고 보험회사에게도 공급되지요. 게다가 금융위기로 큰 타격을 입은 기업과 가계에게도 달러가 공급되거든요.

『마르크스의 '자본'』에서 설명한 것처럼, 연준의 부채는 달러이고 그 자산은 재무부증권입니다. 그런데 수량완화정책을 통해 부채인 달러는 급증하는 반면 자산인 재무부증권은 급감해요. 그 대신 은행을 비롯한 금융기관과 기업이나 가계가 보유하던 다양한 파생금융상품이 연준의 자산을 구성하게 되지요. 달리 말해서 부실화된 민간의 자산을 연준의 자산으로 전환하기 위해 1조달러가 신규로 발행되고, 그 결과 국민소득에 대한 본원통화의 비중이 6%에서 15%로 2.5배나 증가한다는 것이에요.

수량완화정책은 주택담보부증권과 관련된 다양한 파생금융상품의 부도위험을 민간 수준에서는 해결할 수 없으니까 결국 중앙은행이 개입하여 달러와 교환해줌으로써 해결하려는 시도라고 할 수 있습니다. 달리 말해서 이번 금융위기의 정세적 원인인 금융혁신과 신용의 증권화가 겸업화와 인수·합병이라는 정책기조와 함께 여전히 유지되고 있는 셈이지요.

수량완화정책은 200년에 걸친 자본주의의 역사에서 단 두 차례만 실행된 것입니다. 첫 번째가 1930년대 대불황이고, 두 번째가 이번 금융위기인데, 연준법은 '비상위급상황'(unusual and exigent circumstances)에서 수량완화정책을 실행할 수 있다고 규정하고 있어요. 재무부의 구제금융과 마찬가지로 연준의 수량완화정책도 은행위기로 인한 2차 대불황을 예방하기 위한 정책이지요.

연준의 대차대조표는 1주일마다 웹사이트에 공개됩니다. 그런데 문제는 연준도 '장부외거래'를 한다는 데 있지요. 쉽게 말해서 민간의 부도위험에 대해 지불보증을 하기도 한다는 것이에요. 그래서 의회가 연준 의장을 출석시켜 그 규모와 내역에 대해 질문했는데, 버냉키가 답변을 거부하지요. 이 때문에 정부감사원(GAO)의 연준에 대한 감사권의 입법화가 추진되고 있는 것이에요. 어쨌든 연준의 구제금융은 수량완화정책을 훨씬 상회하지요.

여담이지만, 부르주아 의회정치에서 경제학적 논쟁은 핵심적 중요성을 갖는 것입니다. 이번 금융위기에서도 버냉키가 의회의 논쟁에 참여하는 경우가 많았지요. 사실 의회정치를 상징하는 경제정책에 대한 논쟁은 앵글로-색슨적 전통인데, 곡물법에 대한 논쟁을 계기로 해서 리카도가 고전파 경제학을 완성하거든요. 반면 유럽에는 그런 전통이 전혀 없는데, 독일은 물론이고 프랑스에서조차 토착경제학이 아예 존재하지 않아요.

어쨌든 이 대목에서 재무부증권의 발행에도 주목할 필요가 있습니다. 재정완화정책은 물론이고 구제금융에 필요한 자금은 결국 재무부증권의 발행으로 조달되거든요. 국민소득 대비 재무부증권의 비중은 2000년대 초반 60%, 중반 65%에서 결국 86%로 1.4-1.3배가 상승하는데, 2008-09년에만 거의 3조달러에 해당하는 재무부증권이 발행되지요.

국민소득에 대한 재무부증권의 비중이 80%를 초과한다고 했는데, 금융세계화의 초기 단계인 1980년대 초에는 40% 정도였습니다. 결국 20-30년 동안 금융세계화가 전개되면서 20-25%포인트 정도 상승하다가 이번에 금융위기가 발생하면서 또다시 25-20%포인트 정도 상승한 셈이에요.

물론 2차 세계전쟁기에는 120%를 초과한 적도 있습니다. 그러나 현재의 상황을 2차 세계전쟁기의 상황과 단순 비교할 수는 없어요. 노령화 문제를 차치하더라도 사회보장지출에 대한 요구와 동시에 조세에 대한 저항이 증가하거든요. 오바마 대통령의 가장 중요한 공약 중 하나는 사회보장지출을 증가시키는 동시에 소득이 25만달러 이하인 가계, 달리 말해서 거의 대부분의 가계에 대한 조세는 동결하겠다는 것이에요.

2차 세계전쟁기에 국민소득에 대한 세출의 비중은 50%인 반면 세입의 비중은 25%인데, 그래서 국채의 발행이 급증한 것입니다. 현재의 상황에서 조세가 전후 평균치인 15-20% 이상으로 상승할 가능성은 없으므로 국채의 비중이 계속 상승할 수밖에 없어요. 그래서 유럽처럼 부가가치세를 도입할 것을 검토하는 중인데, 다만 저소득층에게는 세금을 환급해주는 누진적 방식이 유력하지요.

[2010년 3월에 의회에서 통과된 의료보험개혁법의 핵심은 2014년부터 소득이 3만달러 이하인 가계에게도 무상의료인 메디케이드(Medicaid)의 적용을 확대한다는 데 있다. 미국재건재투자법에 후속하는 새로운 경기부양책인 의료보험개혁법의 성패는 재정적자의 감축에 달려 있는데, 사회보장관련신탁기금의 캐시플로우(국채이자

제외)가 2010년부터 적자로 반전되기 때문이다.]

어쨌든 방금 설명한 것처럼, 재무부증권을 구매한 것은 연준이 아닙니다. 연준의 자산에서 재무부증권은 급감하고 오히려 민간이 보유하던 파생금융상품이 급증하거든요. 재무부증권을 구입한 것은 중국·일본 같은 동아시아의 수출지향공업국과 사우디아라비아 같은 서아시아의 산유국이지요. 그래서 금융위기의 와중에도 달러 가치는 오히려 상승하는 역설이 발생하는 것이에요.

2009년 2월부터 4월까지 연준은 감독자본평가계획(SCAP), 쉽게 말해서 스트레스테스트를 실행하기도 합니다. 스트레스테스트는 19개 대형은행의 건전성을 평가하는 것인데, 그 핵심은 주택가격의 하락이 지속되어 금융위기가 심화될 경우에도 은행의 자본이 플러스일 수 있는지 여부이지요. 한 마디로 말해서 스트레스테스트는 은행위기의 가능성에 대한 평가라고 할 수 있어요.

2008년 9월에 금융위기가 폭발하면서 서너 달만에 6대 은행의 자산 중 46%인 4조 9000억달러가 감소합니다. 6대 은행에는 모건체이스, 아메리카은행, 씨티그룹 같은 기존의 은행과 함께 이번에 은행으로 전환된 골드먼삭스도 포함되지요. 그런데 이번 금융위기로 인해 6대 은행의 자산 10조달러 중 절반이 소멸한 것이에요.

이런 상황에서 스트레스테스트는 불가피한 것입니다. 은행의 부채인 예금은 불변이므로 자산이 급감할 경우 자본이 잠식되는 파산이 발생할 수 있기 때문이지요. 그래서 6대 은행 중 모건체이스만 독자생존이 가능하다는 예상이 일반적이었어요. 이미 설명한 것처럼, 씨티그룹은 국유화되었고, 아메리카은행과 골드먼삭스도 미국국제그룹의 국유화를 통해 간접적으로 국유화된 셈이거든요.

그러나 연준은 2009년 5월에 발표한 스트레스테스트의 결과에서 모건체이스와 골드먼삭스를 제외한 4개 은행이 550억달러만 증자하면 건전성에 아무런 문제가 없다고 주장합니다. 예상과 전혀 다른 이런 결과는 금융회계표준위원회(FASB)가 회계표준을 변경하여 은행의 자산을 시가가 아니라 원가로 평가할 수 있도록 잠정적으로 허용해준 덕택이에요. 증권회사가 은행으로 전환하는 것을 허용해준 것과 마찬가지로 '눈가리고 아웅'인 셈이지요.

아까 확대재생산표식론이 경제성장론과 경기순환론이라고 했는데, 부르주아 거시경제학은 사실 마르크스를 표절한 것입니다. 부르주아 회계학의 기본원리도 마찬가지인데, 자산을 평가하는 기준은 원가가 아니라 시가, 좀 더 정확하게 말해서 장부가격이 아니라 재생산가격이라는 원리를 최초로 정립한 사람이 바로 마르크스이거든요. 기업의 자산인 고정자본도 마찬가지이고, 은행의 자산인 증권도 마찬가지이지요.

여담이지만, 1997-98년 경제위기를 거치면서 외국자본이 남한경제를 장악하게 된 것도 이런 회계원리와 관련됩니다. 재벌이나 은행은 회계원리를 무시하고 자산을 장부가격으로 평가해왔는데, 글로벌스탠더드에 맞춰 재생산가격으로 평가해보니까 자본이 잠식되어 파산하게 된 것이에요. 그래서 170조원의 구제금융을 통해 한시적으로 국유화했다가 결국 외국자본에게 매각한 것이 김대중-노무현 정부가 한 일이지요.

사실 쌍용자동차 문제도 김대중-노무현 정부로 소급하는 것입니다. 그런데도 욕은 이명박 정부가 얻어먹고 있어요. 그래서 이명박 정부는 무능한 정부라는 것이에요. 게다가 괜히 세종시 문제는 들고 나와서 분란을 일으키고 있어요. 이명박 대통령은 우국충정을 들먹이던데, 누가 봐도 별로 어울리지 않아요. 김대중-노무현 대통령처럼 나라야 망하든 말든 대충 임기만 때우면 될 것을요.

어쨌든 재무부와 연준의 구제금융에도 불구하고 은행위기가 해결된 것은 아니라고 할 수밖에 없습니다. 그래서 부르주아 경제학의 일각에서도 대마불사(大馬不死)는 곧 대마불생(大馬不生)이므로 은행이 좀비화(zombification)되었다는 비판이 제기되는 것이에요. 이미 죽은 것이 산 것처럼 돌아다니거든요. 그러니까 2009년 3월부터 금융위기가 얼마간 진정된 것을 보고 은행위기가 해결되었다고 간주하는 것은 전혀 근거 없는 단견일 수밖에 없어요.

게다가 금융위기의 여진은 아직도 계속되고 있습니다. 금융위기는 본래 '지속적 사건'(protracted affair)이거든요. 예를 들어 유럽 경제는 여전히 불안정한데, 은행의 건전성이 미국보다 훨씬 더 심각한 상태이기 때문이에요. 그러나 유럽중앙은행(ECB)은 스트레스 테스트를 시도할 엄두도 못 내고 있지요. 유럽연합에는 중앙은행은 있어도 재무부가 없어서 구제금융에 한계가 있기 때문이에요.

재정동맹(FU) 없는 통화동맹(MU)인 유럽연합은 사실 국가라고 할 수 없습니다. 경제적 국가장치의 한 축인 중앙은행은 있는 반면 다른 축인 재무부는 없거든요. 그래서 유럽의회(EP)도 유명무실할 수밖에 없어요. 미국의 독립전쟁을 촉발시킨 '대표 없이 조세 없다'는 구호를 모방하면, '조세 없이 대표 없다'고 할 수 있거든요. 따라서 유럽연합에는 시민권이나 인민주권도 없을 수밖에요.

2009년 11월에 발생한 두바이의 재정위기가 심각한 것은 유럽은행에게 끼칠 충격 때문입니다. 두바이는 아랍에미리트연합(UAE)의 일원인데, 에미리트(emirate)는 부족국가, 에미르(emir)는 부족장이라는 의미이지요. 200-300억달러밖에 안 되는 두바이의 국채로 인해 국제금융시장이 요동을 친 것은 유럽은행의 건전성에 끼칠 영향 때문이에요.

이런 맥락에서 그리스를 비롯한 남부 유럽은 더 큰 문제입니다. 포르투갈, 이탈리아, 그리스, 스페인을 총칭하여 국제금융시장에서는 피그스(PIGS), 즉 돼지들이라고 부른답니다. 불가리아, 체코, 헝가리, 폴란드 같은 동유럽과 달리 유로존(EZ)에 가입한 덕분에 저금리의 국채를 누적해왔다는 것이지요. 남부 유럽의 국채이자율이 독일의 국채이자율로 수렴하거든요. 이번 금융위기 이전에도 그리스와 이탈리아의 국채는 국민소득 대비 100%를 초과하는데, 이것은 독일이나 미국보다 훨씬 높은 비중이에요. 또 100%에 미달하는 포르투갈과 스페인도 금융위기 이후에 비중이 급상승하지요.

그러나 남부 유럽의 재정위기는 그들만의 책임이 아닙니다. 남부 유럽의 재정적자는 유로의 강세에 따른 무역적자와 관련되고,

또 남부 유럽의 무역적자·자본수입은 독일의 무역흑자·자본수출과 결합되어 있거든요. 동아시아에 대한 미국의 관계와 달리 남부 유럽에 대한 독일의 관계야말로 제국주의적이라고 할 수 있어요. 그래서 남부 유럽을 돼지들이라고 부르는 것은 일종의 '희생자에 대한 비난'(blaming the victim)이라는 것이 제 생각이에요.

어쨌든 남부 유럽의 재정위기가 발생한다면, 그 충격은 당연히 두바이의 재정위기에 비할 정도가 아닐 것입니다. 조만간 그리스에서 재정위기가 발생하리라는 것은 누구나 예상할 수 있는 일인데, 사실 19세기 초에 오스만투르크제국에서 독립한 이후 그리스의 재정위기는 거의 상습적이라고 할 수 있거든요.

[2010년 2월부터 부각된 그리스의 재정위기는 3월에 국제통화기금이 구제금융에 참여하기로 결정되면서 얼마간 진정된다. 프랑스의 반대에도 불구하고, 동유럽 구제금융과 마찬가지로 그리스 구제금융에도 국제통화기금의 참여를 관철시킨 독일의 의도는 유로가치의 안정화를 위해서 결국 그리스가 유로존을 탈퇴하는 수밖에 없다는 것이라고 한다.]

그러나 포르투갈이나 스페인은 물론이고, 이탈리아의 재정위기도 그리 먼 미래의 일이라고 할 수는 없습니다. 만일 이탈리아가 재정위기로 인해 유로존에서 이탈하면, 유럽연합과 유로도 붕괴할 수밖에 없겠지요. 1992년에 이탈리아는 영국과 함께 유럽통화제도(EMS)에서 탈퇴하면서 유럽통화단위(ECU)를 포기한 적이 있어요. 그래서 직후에 마스트리히트조약에 따라 유럽통화제도와 유럽통화단위가 유럽연합과 유로로 대체되는 것이지요. 1998년에 이탈리아가 유로존에 합류하면서 1999년에 유럽연합과 유로가 출범하는데, 그러나 영국은 결국 복귀하지 않아요.

물론 남한경제도 여전히 불안정합니다. 이번 금융위기에서 제기된 최대의 난제는 사실 쌍용자동차가 아니라 은행의 부도위험이에요. 2008년 12월부터 2009년 3월까지 3개의 구제금융기금이 조성되는데, 그 규모는 70-80조원이나 되지요. 그런데 7대 은행 중 우리

은행을 제외하고는 모두가 외국계 은행이에요. 물론 곧 사유화될 우리은행도 외국자본에게 매각될 가능성이 아주 높아요.

그러나 민주노총을 비롯한 좌파 전체는 이번 금융위기의 의미를 제대로 인식하지 못한 채 그냥 우왕좌왕하고 있을 따름입니다. 77일 동안 전개된 쌍용자동차노조의 정리해고반대투쟁이 그 아무리 장렬한 것이라고 해도 완전히 초점을 잃은 것이라고 할 수밖에 없거든요. 2차 대불황이 예고되는 상황에서 부르주아지는 이미 플랜 B를 구상하고 있는데, 아직 플랜 A도 준비하지 못하고 있으니 한심한 일이라고 할 수밖에요.

이런 상황은 마르크스주의자를 자처하는 지식인의 책임도 있습니다. 금융위기의 원인이나 부르주아지의 정책대응에 대해서는 제대로 분석하지도 못하면서 허풍만 떨고 있으니까요. 게다가 경제위기가 아니라 공황이라는 용어가 더 적절하다고 주장하는데, 정말이지 무지는 끝이 없어요. 공황(panic)은 주식시장을 설명하는 정신분석학적 용어이거든요. 그냥 경제위기([economic] crisis)라고 하면서 그 메커니즘을 설명하면 된다는 것이 제 생각이에요.

그런데 경제위기의 메커니즘을 설명하는 것은 만만치 않은 일입니다. 케인즈는 물론이고 버냉키의 경제학도 비판할 줄 알아야 하거든요. 케인즈와 버냉키의 경제학은 부르주아 경제학이므로 마르크스주의자의 관심사가 아니라고 주장하는 것은 무지를 호도하는 짓이에요. 그런 주장이 옳다면, 스미스와 리카도의 부르주아 경제학을 비판하기 위해 마르크스가 일생을 바칠 이유가 없거든요.

허풍으로 세상을 바꿀 수는 없습니다. 아까 강의를 시작하기 전에 잠깐 얘기를 들어보니까 이제는 광주에서도 노동자운동이나 학생운동이 거의 소멸했다고 하던데, 저를 포함해서 선배의 잘못이 너무나도 크다는 생각이 들어요. 1990년대 이후 남한에서 마르크스주의가 소멸한 것은 사실 허풍 때문이거든요. 전혀 책임지지 못할 말을 뻥뻥 터트리고 나서 아님 말고라는 식으로 처신한 셈이에요. 그러니 후배의 신뢰를 잃을 수밖에요.

금융위기의 전망

더블딥 논쟁

어쨌든 대마불사는 곧 대마불생이고 그래서 좀비은행이 출몰하기 때문에 금융위기의 전망을 둘러싸고 부르주아 경제학의 내부에서 논쟁이 전개되는 것입니다. 달리 말해서 은행위기가 재발하면서 더블딥이 발생할 수 있다는 것이에요. 'dip'은 하강이라는 의미이므로 'double dip'은 경기가 일시적으로 회복된 다음 다시 침체하는 이중침체를 의미하지요. 더블딥의 발생은 곧 2차 대불황의 개시로 귀결된다는 것이 제 생각이에요.

이 대목에서 1930년대 대불황을 설명하는 버냉키의 금융가속기론을 비판할 줄 알아야 하는 것입니다. 당연한 일이지만, 1930년대 대불황은 부르주아 경제학의 '성배'(Holy Grail)라고도 불리는 가장 중요한 대상이에요. 1930년대 대불황에 대한 연구사를 버냉키 이전과 이후로 구별하는 것이 통설인데, 이미 설명한 것처럼, 금융가속기론의 핵심은 은행위기로 인해 경기침체가 대불황으로 심화된다는 데 있지요.

반면 마르크스주의의 역사에서 가장 뼈아픈 대목은 1930년대 대불황을 설명하는 이론이 거의 없다는 사실입니다. 당시에는 물론이고 현재도 여전히 마찬가지라고 할 수 있어요. 마르크스의 『자본』을 아무리 샅샅이 훑어봐도 금융가속기론 같은 것은 없거든요. 그래서 버냉키를 비판하면서 마르크스주의적 경제위기론을 재구성할 필요가 있다고 한 것이지요. 마르크스가 살아 있어도 그렇게 하리라는 것이 제 생각이에요.

1930년대 대불황의 전개과정을 보면, 1929년 초에 경기침체가 시작되고 그 해 말에 뉴욕증시가 붕괴하면서 신용위기가 발생합니다. 후버 정부는 신용위기를 3년 동안 거의 방치하는데, 그 결과 1933년 초에 은행위기가 폭발하면서 경기침체가 대불황으로 심화되는 것이에요. 반면 로즈벨트 정부는 은행위기를 해결하기 위해 3일 동안 전국의 은행을 휴업시키는 동시에 재건금융공사를 통해 은행의 증자에 참여하면서 글래스-스티걸은행법을 제정하여 겸업화를 금지하지요.

이미 설명한 것처럼 경기침체 자체는 별다른 문제가 아닙니다. 순환적 위기는 '청산'(liquidation)을 통한 '정화'(purification)의 계기이기도 하거든요. 쉽게 말해서 위기는 곧 기회라는 것이지요. 19세기 영국경제에서 그 주기는 9-10년인 반면 20세기 미국경제에서는 4-5년으로 주기가 단축된다는 것은 경기순환론의 '정형화된 사실'(stylized facts)이에요. 마치 여름이 가면 겨울이 오듯이 경기과열은 경기침체로 귀결되기 마련이라는 것이지요.

문제는 경기침체가 대불황으로 심화되는 경우입니다. 그럴 경우 후버 정부처럼 '구악을 일소하기'(purge the rottenness) 위해 과잉자본과 함께 과잉인구를 '청산'해야 한다고 주장할 수는 없거든요. 따라서 어떤 조건에서 순환적 위기가 구조적 위기로 심화되는가라는 문제가 제기되는 것이지요. 1930년대의 경험에서 알 수 있듯이, 금융위기, 특히 은행위기가 바로 그런 조건인데, 그래서 버냉키가 은행위기를 금융가속기라고 부르는 것이에요. 은행위기로 인해 경기침체가 대불황으로 심화되거든요.

물론 1930년대 대불황이 종료되는 것은 1939년에 2차 세계전쟁이 발발한 다음입니다. 은행위기의 해결이 곧 대불황의 종료를 의미하는 것은 아니기 때문이지요. 그래서 재건금융공사의 자회사인 방위설비공사의 역할에 주목해야 하고, 나아가 기술혁신으로 인한 이윤율의 상승 경향에도 주목해야 하는 것이에요. 이 대목에서 버냉키의 금융가속기론을 비판할 수 있는데, 조금 이따가 1930년대 대불황과 이번 금융위기를 비교하면서 다시 설명하겠어요.

어쨌든 이번에도 1930년대처럼 비상위급상황의 정책대응, 특히 재건금융공사와 수량완화정책을 통해 은행위기를 예방한 것입니다. 또 스트레스테스트를 위해 회계표준을 변경하는 편법을 동원하기도 하지요. 그러나 은행위기를 해결했다고 주장할 수는 없는데, 좀비은행이 양산되거든요. 그래서 두바이의 재정위기 정도로도 국제금융시장이 요동치는 것이에요.

게다가 비상위급상황의 정책대응 자체에도 문제가 많습니다. 출구전략(exit strategy)을 구상하는 것이 만만치 않은 일이기 때문이지요. 질서있는 퇴각을 의미하는 출구전략은 1970년대 베트남 전쟁을 반성하면서 미국의 안보전략가들이 만들어낸 개념이랍니다. 출구전략이 없었기 때문에 패전했다는 것이지요. 아프가니스탄 전쟁이나 이라크 전쟁이 베트남 전쟁의 재판이 될지도 모른다는 것도 출구전략을 구상하는 것이 쉽지 않기 때문이에요.

이미 설명한 것처럼, 은행위기를 예방한 재건금융공사와 수량완화정책은 3조달러의 국채와 1조달러의 본원통화의 발행을 의미합니다. 그 결과 국민소득 대비 국채의 비중은 60-65%에서 86%로 1.4-1.3배 상승하고 본원통화의 비중은 6%에서 15%로 2.5배 상승한 것이지요. 이런 상황에서 국채의 비중과 연준의 대차대조표를 정상화하는 출구전략이 필요하다는 것은 두말 할 나위도 없어요.

출구전략은 방법이 아니라 시기를 선택하는 것이 훨씬 더 어려운 일인데, 이 대목에서 버냉키는 'science'와 'art', 그리스어로 말해서 에피스테메와 테크네를 비교합니다. 테크네로서 'art'는 기술이라는 의미이지요. 환자를 살려내지 못한 자신을 탓하면서 히포크라테스가 'art is long, life is short'라고 한 것처럼 말이에요. 환자는 죽어 가는데, 자신의 의술은 아직도 멀었다는 것이에요.

경기회복이 지지부진한 상황에서 출구전략을 실행한다면, 더블딥이 발생할 수 있습니다. 2009년 3월부터 금융지표는 개선되는데, 그러나 실업률은 아직까지도 10%를 유지하지요. 그러나 출구전략이 너무 늦어져도 문제인데, 비정상적인 국채의 비중과 연준의 대차대조표로 인해 재정위기와 달러위기가 발생하면서 더블딥이 발생할 수 있거든요. 그래서 출구전략의 방법은 'science'의 문제인 반면 그 시기는 'art'의 문제라고 할 수 있다는 것이지요.

여담인데, 레닌과 마오는 정치활동이 'science'가 아니라 'art'의 문제라고 주장합니다. 그래서 '정치예술'이라고 번역하는데, '정치기술'이 좀 더 정확하겠지요. 저 같은 연구자도 지식인이고 여러분 같은 활동가도 지식인인데, 다만 분야가 달라요. 연구자의 지식은 'science'이고, 활동가의 지식은 'art'이거든요. 쉽게 말해서 연구자는 물리학자처럼 중력의 법칙을 발견하고, 그것을 이용하여 비행기를 발명하는 공학자가 바로 활동가이지요.

1980년대 피디(PD)의 경험을 반성해보면, 연구자와 활동가를 혼동하곤 했습니다. 어떤 활동가는 연구자 앞에서 레닌 흉내를 내다가 다른 활동가 앞에서는 마르크스 흉내를 냈어요. 물론 어떤 연구자는 활동가 앞에서 마르크스 흉내를 내다가 다른 연구자 앞에서는 레닌 흉내를 냈지요. 그나마 피디 연구자는 소멸했고, 여러분 같은 피디 활동가만 남아 있는데, 'science'가 아니라 'art'가 중요하다는 당부의 말씀을 드리고 싶어요.

한 마디만 더하자면, 연구자와 달리 활동가의 기질에서는 능력보다 오히려 성격, 엔엘(NL)처럼 말해서 품성이 더 중요할 수 있습니다. 활동이란 결국 사람하고 하는 작업이므로 대중의 신뢰가 결정적이거든요. 연구자의 경우도 마찬가지이겠지만, 그러나 인간관계로부터 좀 더 초연할 수 있지요. 다시 한번 의술의 예를 들자면, 훌륭한 의사에게는 환자와의 관계가 오히려 더 중요할 수 있는데, 의술은 본질적으로 임상적 지식이거든요.

어쨌든 출구전략과 더블딥의 관계에 대해 좀 더 자세하게 설명해보겠습니다. 너무 빠른 출구전략 때문에 더블딥이 발생한 대표적 사례로 거론되는 것이 바로 1979-80년의 경기침체에 뒤이어 발생한 1981-82년의 경기침체이지요. 1980년 중반에 경기가 회복되자 당시 연준 의장이던 볼커가 출구전략을 채택하는데, 그 결과 경기침체가 재발하거든요.

아까 이윤율의 그래프에서 설명한 것처럼, 1970년대에 미국경제는 불황기로 진입합니다. 그래서 1974-75년에 전후 최악의 경기침체가 발생하는데, 1981-82년의 경기침체는 그것을 능가하는 것이지요. 그러나 이번 금융위기로 인해 1981-82년의 경기침체를 능가하는 경기침체가 발생했다는 것이 중론이에요. 전후 최악의 경기침체의 기록이 다시 한번 갱신되는 셈이지요.

부르주아 경제학에서도 이번 금융위기를 1930년대 대불황과 비교하는 것이 보통입니다. 그런데 1930년대에도 더블딥이 발생한 적이 있어요. 1933년에 은행위기가 해결된 다음에도 경기가 좀처럼 회복되지 않다가 1937년에 비로소 경기가 회복되기 시작하지요. 그래서 재무부와 연준이 출구전략을 채택한 것인데, 그 결과 1938년에 경기침체가 재발하거든요. 결국 로즈벨트 정부는 1939년부터 군비경쟁에 돌입하고 1941년에 진주만 침공을 빌미로 해서 2차 세계전쟁에 개입하게 되지요.

어쨌든 이번 금융위기는 1981-82년의 경기침체가 아니라 오히려 1930년대의 대불황에 근접한다는 것이 마르크스주의는 물론이고 부르주아 경제학에서도 통설입니다. 따라서 너무 빠른 출구전략은 은행위기를 초래할 수 있는 아주 위험스러운 일이므로 버냉키가 출구전략을 가능한 대로 늦추겠다고 공언하고 있는 것이에요.

[2010년 2월 초순에 버냉키는 출구전략에 대한 의회의 증언에서 연방기금금리를 '상당 기간 동안'(for an extended period) 0.25-0% 수준으로 유지할 것이고, 또 국책 모기지회사의 주택담보부증권도 경기회복이 '지속가능하고' '충분히 진전되었다'고 판단되는 '미래에'(in the future) '장기적으로'(in the long run) 매각할 것이라고 강조한다.

[출구전략에 대한 입장은 2월 하순에 의회에 제출된 반년간 『통화정책보고서』에서 재확인된다. 『보고서』는 2012년에도 실업률이 6.6-7.5%를 유지할 것으로 예상하는데, 이것은 균형실업율 5%를

초과하는 것이다. 반면 2012년의 인플레이션율은 1.2-1.9%를 유지하여 균형인플레이션율 2%에 미달할 것으로 예상한다.

[따라서 2월 중순에 0.5%에서 0.75%로 인상된 재할인율이 출구전략을 예고하는 것은 아니다. 재할인율의 인상은 2009년 3월부터 금융위기가 완화되면서 수량완화정책의 초점이 단기대부에서 장기대부로 이행하고, 그 결과 2008년 12월부터 0.25-0.5%포인트로 축소된 연방기금금리와 재할인율의 격차가 1%포인트로 정상화되는 과정을 반영하기 때문이다.

[버냉키가 강조하는 것처럼, 출구전략은 2008년 10월부터 시행된 지불준비금(지준)에 대한 금리의 인상으로 시작되는 것이다. 재할인율은 연방기금금리의 상한인 반면 지준금리는 그 하한이므로, 연방기금금리를 인상하려면 재할인율이 아니라 지준금리를 인상해야 하기 때문이다. 그러나 문제는 지준이 계속 증가한다는 사실에 있는데, 지준이 과소인 것이 아니라 오히려 과잉인 상황에서 연방기금금리를 인상할 수는 없기 때문이다.

[2006년 말부터 2009년 말까지의 연준의 대차대조표를 비교하면, 자산은 0.87조달러, 0.92조달러, 2.24조달러, 2.24조달러인데, 그 중 재무부증권은 0.78조달러, 0.74조달러, 0.48조달러, 0.78조달러인 반면 주택담보부증권은 0.00조달러, 0.00조달러, 0.00조달러, 0.91조달러이다. 또 부채는 0.84조달러, 0.88조달러, 2.20조달러, 2.19조달러인데, 그 중 현금은 0.78조달러, 0.79조달러, 0.85조달러, 0.89조달러인 반면 지준은 0.01조달러, 0.02조달러, 0.86조달러, 1.03조달러이다. 따라서 자본은 0.03조달러, 0.04조달러, 0.04조달러, 0.05조달러이다.

[『마르크스의 '자본'』에서 설명한 것처럼, 통화(≡본원통화+은행신용≡현금+당좌예금)와 본원통화(≡현금+지준)의 비율인 통화승수 m_1은 지준율(≡지준÷당좌예금) rr에 반비례한다.

$$m_1 \equiv c+(1-c)\times\frac{1}{rr}.$$

여기서 c는 파라미터인 현금보유비율(≡현금÷본원통화)을 의미한다. 특히 지준율 rr이 1을 초과하면, 현금보유비율 c와 상관없이 통화승수 m_1이 1에 미달한다는 것을 알 수 있다. 그럴 경우 본원통화가 대폭 증가하더라도 통화는 거의 증가하지 않는다. 달리 말해서 당좌예금(≡은행신용+지준)보다 지준이 훨씬 더 빨리 증가하므로 은행신용(≡당좌예금−지준)은 마이너스가 된다.

[1980년대의 3에서 1990년대의 2로 급락하고 2000년대에도 하락을 지속한 통화승수는 2006년말부터 2009년 말까지 1.73, 1.68, 0.93, 0.88로 하락하는데, 현금보유비율이 0.99, 0.98, 0.50, 0.46으로 하락하는 반면 지준율은 0.02, 0.04, 1.16, 1.29로 상승하기 때문이다. 그 결과 본원통화는 0.79조달러, 0.81조달러, 1.71조달러, 1.92조달러로 대폭 증가하는 반면 통화는 1.37조달러, 1.36조달러, 1.59조달러, 1.69조달러로 거의 증가하지 않는다. 달리 말해서 당좌예금은 0.59조달러, 0.57조달러, 0.74조달러, 0.80조달러인 반면 지준은 0.01조달러, 0.02조달러, 0.86조달러, 1.03조달러이므로, 은행신용은 0.58조달러, 0.55조달러, −0.12조달러, −0.23조달러로 감소한다.

[은행신용이 마이너스가 되는 것은 당좌예금만 고려했기 때문인데, 저축성예금을 추가하면 은행신용이 거의 불변임을 알 수 있다. 2006년 말부터 2009년 말까지 총통화(≡통화+저축성예금)는 7.01조달러, 7.41조달러, 8.24조달러, 8.52조달러이고 저축성예금(≡총통화−통화)은 5.64조달러, 6.05조달러, 6.65조달러, 6.83조달러이므로, 은행신용(≡당좌예금+저축성예금−지준)은 6.22조달러, 6.60조달러, 6.53조달러, 6.60조달러인 것이다. 또 총통화와 본원통화의 비율인 총통화승수 m_2는 8.87, 9.15, 4.82, 4.44로 하락한다.

$$m_2 \equiv c + (1-c) \times (1+s) \times \frac{1}{rr}.$$

s는 파라미터인 저축성예금비율(≡저축성예금÷당좌예금)을 의미하는데, 9.56, 10.61, 8.99, 8.54로 거의 불변이다.]

그러나 출구전략을 무작정 늦출 수도 없습니다. 이 대목에서는 연준의 출구전략이 아니라 재무부의 출구전략이 문제인데, 재정위기가 발생하면서 국채시장이 붕괴하고 달러가치가 폭락할 수 있거든요. 그 결과 이중적자의 메커니즘과 달러의 발권이익이 소멸한다면, 1990년대부터 본격화된 금융세계화도 중단되겠지요.

그런데 마르크스주의는 물론이고 부르주아 경제학에서도 재정위기에 대한 이론적 연구는 별로 없습니다. 물론 이중적자의 메커니즘과 달러의 발권이익에 대한 경험적 연구는 꽤 있지만요. 1970년대에 불황기가 시작되면서 부르주아 경제학을 따라 마르크스주의에서도 재정위기에 대한 논쟁이 전개된 적이 있는데, 그러나 금융세계화가 전개되면서 곧 소멸하거든요.

그래서 부르주아 경제학에서 재정위기가 문제가 아니라는 주장이 제기되기도 하는 것입니다. '리카도적 등가성'의 원리, 즉 정부가 추가적 지출을 위해 증세에 의존하든 국채 발행에 의존하든 그 효과는 동일하다는 원리에 따르면, 재정적자는 반드시 민간흑자로 보전되므로 차세대는 현세대가 유산으로 증여한 민간흑자로 국채 원리금을 상환하면 된다는 것이지요.

그러나 문제는 재정적자가 반드시 민간흑자로 보전되는 것이 아니라는 사실에 있습니다. 그래서 재정적자에 비해 민간흑자가 불충분할 경우에 재정적자와 무역적자가 결합하는 이중적자가 발생할 수 있는 것이에요. 게다가 민간흑자가 아니라 민간적자가 발생하면서 삼중적자도 발생할 수 있지요. 사실 리카도 자신도 조세와 국채의 등가성이라는 원리에 대해 자기비판하므로 리카도적 등가성이라는 명칭은 어폐가 있어요.

어쨌든 재정위기라는 관점에서 버냉키의 한계를 비판할 수 있습니다. 부르주아 경제학의 일각에서 지적하는 것처럼, 그의 금융가속기론은 은행위기에만 주목하고 재정위기를 무시하거든요. 이번 금융위기를 계기로 새삼 주목받게 되는 재정위기에 대해서는 조금 이따가 자세하게 설명하겠어요.

[미국의 국채인 재무부증권의 발행액은 연말을 기준으로 2006년 8.68조달러, 2007년 9.23조달러, 2008년 10.70조달러, 2009년 12.31조달러로 증가한다. 반면 국민소득은 13.40조달러, 14.08조달러, 14.44조달러로 증가하다가 14.26조달러로 감소한다. 그 결과 1980년대 초 40%에서 2000년 57%, 2002년 60%로 상승한 국민소득에 대한 국채의 비중은 2006년 65%, 2007년 66%를 거쳐서 2008년 74%로 상승하다가 급기야 2009년 86%로 상승한다.

[그런데 정부(사회보장관련신탁기금)·연준보유액을 공제한 민간보유액이 2006년 4.12조달러, 2007년 4.40조달러, 2008년 5.89조달러, 2009년 7.03조달러로 증가하는 동시에 민간보유액 중 외국보유액도 2.11조달러, 2.35조달러, 3.08조달러, 3.69조달러로 증가한다. 그 결과 2000년 36%에서 2004년 50%로 급상승한 외국보유액의 비중은 2006년 51%, 2007년 53%, 2008년 52%, 2009년 52%를 유지한다.

[외국보유액의 절반은 일본과 중국이 차지하는데, 2006년 0.62조달러, 2007년 0.57조달러, 2008년 0.63조달러를 유지하던 일본보유액은 2009년 0.77조달러로 증가하는 반면 2006년 0.40조달러, 2007년 0.41조달러를 유지하던 중국보유액은 2008년 0.73조달러, 2009년 0.89조달러로 증가한다. 그 결과 외국보유액에서 일본보유액의 비중은 29%, 24%, 20%, 21%로 하락하는 반면 중국보유액의 비중은 19%, 17%, 24%, 24%로 상승한다.]

마르크스주의적 관점에서 볼 때 버냉키의 한계는 단지 재정위기를 무시하는 데서 그치는 것이 아니라 더욱 근본적인 것입니다. 사실 그런 한계는 그에게 고유한 것만은 아닌데, 부르주아 경제학에서는 이윤율의 운동을 완전히 무시하거든요. 그래서 이윤율의 운동의 관점에서 1930년대 대불황과 이번 금융위기를 비교하면서 버냉키의 한계를 비판해보겠어요.

강의를 시작하면서 설명한 것처럼, 1930년대 대불황은 1914년 1차 세계전쟁부터 1960년대까지 이윤율이 장기적으로 상승하는 성장기에 발생한 것입니다. 따라서 1930년대에 이윤율이 급락한 대불황은 역설적 사건이라고 할 수밖에 없지요. 반면 이번 금융위기는 1970년대부터 이윤율이 장기적으로 하락하는 불황기에 발생합니다. 그래서 이윤율이 급락하면서 2차 대불황이 발생하더라도 역설적 사건이라고 할 수는 없어요.

1960년대까지의 성장기는 새로운 선도산업을 중심으로 해서 기술혁신이 전개되는 시기입니다. 마르크스주의적으로 말해서 산업혁명의 시기라는 것인데, 가전산업도 그렇지만 특히 자동차산업이 중요하지요. 이번에 쌍용자동차와 관련해서 자동차산업의 전후방 연쇄효과가 인구에 회자되기도 했는데, 맞는 말이에요. 가전산업에 비해서 자동차산업의 연쇄효과는 거대하거든요.

따라서 1930년대 대불황의 원인은 실물경제가 아니라 금융에 있는 것입니다. 달리 말해서 산업혁명의 성장세를 중단시킬 수 있는 금융의 불안정성 때문에 대불황이 발생한 것이지요. 그래서 케인즈주의가 금리생활자를 안락사시키자고 주장한 것인데, 그런 금융 억압을 상징하는 것이 은행과 증권회사의 겸업화를 금지하는 글래스-스티걸은행법이에요.

반면 현재의 상황은 정반대입니다. 제너럴모터스가 파산하여 국유화된다는 사실이 1930년대 대불황과의 차이를 상징하는 것이지요. 1990-2000년대에 높은 이윤율이 유지된 것은 산업혁명과 기술혁신이 아니라 금융세계화와 금융혁신 덕택이에요. 그러나 자동차산업에 비견될 수 있는 새로운 선도산업은 없는데, 하이브리드카나 전기자동차로는 턱도 없어요. 농반진반이지만, 집집마다 비행기나 우주선을 한 대씩 갖게 된다면 모를까요.

게다가 금융세계화가 전개되면서 금융혁신의 장애가 되는 글래스-스티걸은행법이 무력화되다가 결국 폐지되고 맙니다. 달리 말해서 금융억압이 금융해방으로 역전된다는 것이에요. 재건금융공사나 수량완화정책 같은 1930년대식 정책대응에도 불구하고 재무부와 연준의 정책기조는 여전히 겸업화와 인수·합병이지요. 따라서 재무부와 연준은 뉴딜을 역주행하고 있는 셈이에요.

이번 금융위기의 거의 유일한 승자가 모건체이스라는 사실도 1930년대 대불황과의 차이를 상징하는 것입니다. 글래스-스티걸은행법의 최대의 피해자가 바로 겸업은행을 상징하던 모건인데, 글래스-스티걸은행법이 폐지된 상황에서 발생한 이번 금융위기의 최대의 수혜자는 그 후예인 모건체이스이거든요.

[2010년 1월에 매서추세츠 상원의원 보궐선거에서 패배하여 '수퍼 60석'이 붕괴한 직후에 오바마 대통령이 발표한 '볼커 룰'이 겸업화와 인수·합병이라는 정책기조의 전환과 글래스-스티걸은행법의 부활을 예고하는 것은 아니다. 경제회복자문위원회(ERAB) 의장인 볼커가 제안한 새로운 규칙의 핵심은 겸업은행의 '범위'(scope)와 '규모'(scale)에 대한 제한에 있다.

[먼저 범위와 관련하여 헤지펀드·사모펀드의 설립에 대한 제한은 증권회사가 아니라 그 자회사인 헤지펀드·사모펀드와의 분리를 의미하고, 부채에 의존하는 고유계정거래(proprietary trading)에 대한 제한은 증권유통중개업무에서 수수료를 목적으로 한 브로커리지(brokerage)가 아니라 자본이득을 목적으로 한 딜러쉽(dealership)의 제한을 의미한다. 또 규모에 대한 제한은 기존의 인수·합병이 아니라 미래의 인수·합병에 대한 제한을 의미한다.

[그런데 버냉키는 3월의 연설에서 겸업은행의 범위에 대한 제한과 달리 규모에 대한 제한은 수용하지 않는다. 『2007-09년 금융위기』에서 설명한 것처럼, 연방예금보험공사를 확대하는 새로운 '해산기구'(resolution authority)를 통해서 대마불사의 문제를 해결할 수 있다고 주장하는 것이다. 실제로 의회에서 준비중인 금융규제·감독개혁법안은 볼커가 아니라 버냉키의 입장과 일치한다.]

1930년대 대불황과 이번 금융위기의 차이를 고려한다면, 2차 대불황의 필연성을 예상하는 것은 별로 어려운 일이 아닙니다. 헤겔처럼 말해서 필연성은 가능성이 현실성으로 전환된다는 의미인데, 이윤율이 장기적으로 하락하는 상황에서 은행위기나 재정위기로 인한 더블딥이 2차 대불황을 필연화하는 계기가 될 수 있다는 것이

제 생각이에요.

게다가 그 시점도 예측해볼 수 있는데, 10년 전에 광주에 와서도 지적한 것처럼, 2012-13년이 그것입니다. 얼마 전에 『2012』라는 영화가 개봉되기도 했지만, 이런 예측은 마야의 예언과 아무런 관련도 없어요. 물론 2012-13년은 이론적 예측치이니까 오차가 있을 수는 있겠지요. 그러나 2010년대가 지나가기 전에 2차 대불황이 발생할 것이라는 제 생각에는 아직도 변함이 없어요.

재정위기에 대한 보론**)

『마르크스의 '자본'』에서는 재정위기를 설명하지 못했는데, 여기서 간단하게 보충해보겠습니다. 먼저 재정은 국가의 공적 금융, 즉 'public finance'를 의미하지요. 반면 기업이나 은행의 사적 금융은 'corporate finance'라고 해요. 'public finance'는 'corporate finance'와 구별되는 몇 가지 특수성을 갖고 있어요.

국가의 부채에는 두 가지가 있습니다. 고전적 부채는 국채인 반면 관리통화제를 채택하면서 출현한 현대적 부채가 바로 화폐이지요. 화폐는 직접적으로 중앙은행의 부채인데, 그러나 중앙은행의 자산이 바로 국채이므로 궁극적으로는 국가의 부채라고 할 수 있거든요.

따라서 국채를 발행하는 재무부와 화폐를 발행하는 중앙은행이 경제적 국가장치의 두 축을 구성하는 것입니다. 달리 말해서 국가의 대차대조표를 작성하려면 재무부의 대차대조표와 중앙은행의 대차대조표를 결합해야 한다는 것이지요. 따라서 중앙은행이 재무부로부터 독립해야 한다는 것은 아주 황당한 주장일 따름이에요. 유럽의 중앙은행과 정반대로 연준은 국유화되지도 않고 또 재무부에서 독립한 것도 아니지요.

**) 보론은 강의 이후에 추가한 것이다.

여담이지만, 이명박 정부는 출구전략을 미루려고 하는 반면 야당은 앞당기자고 합니다. 대중매체를 보면 2010년 6월의 지방선거를 앞두고 여당과 야당의 이해타산이 엇갈리기 때문이라고 해석하는데, 그러나 그렇게 단순한 문제가 아니에요. 고용안정을 중시하는 기획재정부와 물가안정을 중시하는 한국은행의 갈등이 훨씬 더 중요하거든요. 한국은행의 독립을 지지하는 야당의 입장이 어떻게 진보적이라는 것인지 정말 알다가도 모르겠어요.

어쨌든 국채와 마찬가지로 화폐도 국가의 부채라는 사실이 종종 망각되는 데는 이유가 있습니다. 국채와 구별되는 화폐의 특수성이 있거든요. 국채는 이자를 지불하고 또 만기가 있어서 원금을 상환해야 하는 반면 화폐는 이자를 지불하지도 않고 또 만기도 없어서 원금을 상환하지도 않아요. 물론 19세기에 영국 정부가 발행한 콘솔국채도 만기가 없어서 원금을 상환하지는 않지만, 그러나 이자는 지불해야 하지요.

그런데 화폐에도 이자를 지불하는 경우가 있습니다. 2008년 10월부터 시행된 재무부의 부실자산구제계획에서는 은행이 예치한 지불준비금에 대해서 연준이 이자를 지불할 수 있도록 허용하거든요. 그래서 화폐와 국채, 특히 1년 이하 만기의 단기국채인 재무부어음(treasury bills)은 거의 구별할 수 없게 되지요. 그러나 지준금리는 아주 예외적인 경우라고 할 수밖에 없어요.

이 대목에서 화폐와 신용을 구별해야 하는 이유도 설명할 수 있습니다. 화폐는 국가의 부채인 반면 신용은 기업이나 은행 같은 민간의 부채이거든요. 따라서 화폐와 신용의 차이를 결정하는 것은 국가와 민간의 지불능력의 차이이고, 그래서 신용과 달리 화폐가 보편적 등가물이 되는 것이에요.

물론 국가의 지불능력에도 문제가 발생할 수 있는데, 그것이 바로 재정위기입니다. 종종 국가부도라고도 하는데, 그러나 재정위기라고 하는 것이 더 좋을 것 같아요. 건전성이 아니라 유동성이 문제일 경우에는 사회간접자본 같은 국가의 자산을 매각할 수도 있거든요. 달리 말해서 재정위기는 국가의 건전성위기이라기보다는 오히려 유동성위기라는 것이에요. 물론 더 이상 매각할 자산이 없을 경우에는 국가도 파산할 수밖에 없겠지요.

어쨌든 국가의 지불능력이 국채의 가격과 화폐의 가치를 결정하므로, 재정위기가 발생하면 국채의 가격과 화폐의 가치가 폭락합니다. 달리 말해서 국채이자율과 물가가 폭등한다는 것이에요. 그래서 재정위기가 증시붕괴와 외환위기로 귀결되기도 하는 것이지요. 국채이자율이 폭등하면서 주가가 폭락하고 또 물가가 폭등하면서 환율이 폭등하거든요.

『마르크스의 '자본'』에서 설명한 것처럼, 증시붕괴와 외환위기는 그 자체로 고유한 논리를 갖고 있습니다. 주가의 폭락은 토빈의 q의 하락으로 설명할 수 있고, 환율의 폭등은 생산력 격차의 확대로 인한 중심환율의 상승으로 설명할 수 있거든요. 그러나 재정위기로 인해 주가가 폭락하고 환율이 폭등할 수도 있다는 것이에요.

재정위기는 조세를 통한 국채원리금의 지불능력과 관련되는 것입니다. 반면 화폐는 원리금을 지불하지 않지요. 그래서 국채의 원리금을 지불하려고 화폐를 발행하는 국채의 화폐화(monetizing)에 의존하기도 하는 것인데, 인플레이션으로 화폐가치가 하락하면 그만큼 국채원리금의 지불부담이 감소하거든요. 달리 말해서 본래의 조세를 '인플레이션 조세'로 대체하는 셈이지요.

그러나 국채의 만기가 단축되면서 국채의 화폐화와 인플레이션 조세에는 한계가 존재한다는 사실에도 주목해야 합니다. 국채의 만기가 단축되는 것은 국채이자의 지불부담을 경감하기 위해서예요. 만기가 30년인 재무부증권이 'treasury bonds'이고 2년부터 10년까지인 재무부증권이 'treasury notes'인데, 30년물의 비중은 2009년에 10%까지 하락하지요. 그 결과 재무부증권의 만기의 평균치가 50개월로 단축되는 것이에요.

재정위기에 대한 부르주아 경제학의 설명은 재정적자, 경제성장률, 이자율이 국채 발행의 지속가능성을 결정한다는 사실에서 출발하는데, 다만 고등학교 문과수학에 대한 지식을 전제합니다. 우선 국민소득 Y에 대한 국채 B의 비중 b를 시간에 대해 미분해야 하지요. 나눗셈의 미분 공식에 의해서 다음과 같은 항등식을 얻을 수 있어요.

$$b' \equiv \left(\frac{B}{Y}\right)' \equiv \frac{B'Y - BY'}{Y^2} \equiv \frac{B'}{Y} - \frac{B}{Y}\frac{Y'}{Y}.$$

여기서 f'은 함수 f를 시간 t에 대해서 미분한 도함수 df/dt를 간단하게 표현한 것이지요.

그런데 B'은 국채 B의 증가율이므로 재정적자 D와 국채이자, 즉 이자율 i와 국채 B의 곱인 iB를 더한 것입니다.

$$b' \equiv \frac{D + iB}{Y} - \frac{B}{Y}\frac{Y'}{Y}.$$

이제 국민소득 Y에 대한 재정적자 D의 비중을 d, 경제성장률을 $g_Y \equiv Y'/Y$이라고 하면,

$$b' \equiv (d + ib) - bg_Y \equiv d - (g_Y - i)b.$$

국채비중의 상승률 b'이 0보다 크면, 국채의 원리금을 상환하기 위해 국채를 신규로 발행하는 폰지재정이 발생할 수밖에 없어요. 따라서 국채 발행이 지속가능하려면 국채비중의 상승률 b'이 0이라는 조건을 만족해야 하지요.

먼저 경제성장률 g_Y가 이자율 i보다 클 경우, 재정적자의 비중 d가 너무 크면 폰지재정이 발생합니다.

$$b' \equiv (d + ib) - bg_Y \equiv d - (g_Y - i)b > 0,$$
$$d > (g_Y - i)b.$$

따라서 $b'=0$에서 지속가능한 국채의 비중은 다음과 같아요.

$$b=\frac{d}{g_Y-i}=\frac{d+ib}{g_Y}.$$

지속가능한 국채의 비중 b는 재정적자의 비중 d와 경제성장률과 이자율의 차이 g_Y-i의 비율, 또는 국채이자를 포함하는 재정적자의 비중 $d+ib$와 경제성장률 g_Y의 비율에 의해서 결정되지요.

반면 이자율 i가 경제성장률 g_Y보다 클 경우, 재정적자는 국채의 비중 b가 어떻든 간에 항상 폰지재정으로 귀결됩니다.

$$b' \equiv (d+ib)-bg_Y \equiv d+(i-g_Y)b>0,\ \ \forall b.$$

여기서 $\forall b$는 '모든 b에 대하여'라는 의미의 논리학적 기호이지요. 또 재정적자를 재정흑자로 전환하더라도 그 비중 $-d\equiv s$가 너무 작으면 폰지재정이 발생합니다.

$$b' \equiv (ib-s)-bg_Y \equiv (i-g_Y)b-s>0,$$
$$s<(i-g_Y)b.$$

따라서 $b'=0$에서 지속가능한 국채의 비중은 다음과 같아요.

$$b=\frac{s}{i-g_Y}=\frac{ib-s}{g_Y}.$$

지속가능한 국채의 비중 b는 재정흑자의 비중 s와 이자율과 경제성장률의 차이 $i-g_Y$의 비율, 또는 국채이자의 비중과 재정흑자의 비중의 차이 $ib-s$와 경제성장률 g_Y의 비율에 의해서 결정되지요.

예를 들어 설명해보겠습니다. 1992년 마스트리히트조약의 부속의정서에서 규정된 '경제정책의 수렴기준'과 그것을 공식화한 1997년 안정및성장에관한협정(SGP)의 핵심은 경제성장률 g_Y가 5%이고 국채이자의 비중과 재정흑자의 비중의 차이 $ib-s$가 3%이면, 지속가능한 국채의 비중 b는 60%라는 것이에요.

마지막으로 경제성장률 g_Y가 이자율 i와 일치할 경우, 재정균형 $d=0$가 달성되기만 하면 지속가능한 국채의 비중 b는 어떤 값이라도 상관없습니다.

$$b' \equiv (d+ib)-bg_Y \equiv d-(g_Y-i)b \equiv 0, \ \ \forall b.$$

달리 말해서 재정균형이 달성되기만 하면 항상 국민소득이 증가하는 만큼 국채도 증가할 수 있다는 것이지요.

재정위기에 대한 부르주아 경제학의 설명을 마르크스주의적 자본축적론과 결합해보겠습니다. 먼저 경제성장률 g_Y가 이자율 i를 초과하는 경우는 성장기를 의미하는 반면 이자율 i가 경제성장률 g_Y를 초과하는 경우는 불황기를 의미한다는 사실에 대해 설명할 필요가 있지요. 경제성장률 g_Y가 이자율 i와 일치하는 경우는 경제학적으로 아무런 의미도 없으므로 논외로 하겠어요.

『마르크스의 '자본'』에서 설명한 것처럼, 자본성장률 g_K가 이윤율 r과 이자율 i보다 큰 것이 성장기의 특징입니다.

$$g_K > r > i.$$

반면 불황기의 특징은 자본성장률 g_K가 이자율 i와 이윤율 r보다 작다는 것이에요.

$$g_K < i < r.$$

그런데 경제성장률 $g_Y \equiv Y'/Y$은 항상 자본성장률 $g_K \equiv K'/K$과 자본생산성성장률 $g_{PK} \equiv P_K'/P_K$의 합과 일치합니다. 먼저 국민소득 Y는 고정자본 K와 자본생산성 $P_K \equiv Y/K$의 곱이지요.

$$Y \equiv K\frac{Y}{K} \equiv KP_K.$$

곱셈의 미분 공식에 의해서,

$$g_Y \equiv \frac{Y'}{Y} \equiv \frac{(KP_K)'}{Y} \equiv \frac{K'P_K + KP_K'}{Y}.$$

또 $P_K \equiv Y/K$에서 $P_K/Y \equiv 1/K$이고 $K/Y \equiv 1/P_K$이므로,

$$g_Y \equiv \frac{K'P_K + KP_K'}{Y} \equiv \frac{K'}{K} + \frac{P_K'}{P_K} \equiv g_K + g_{PK}.$$

성장기에 자본생산성성장률 g_{PK}는 플러스입니다. 그래서 자본생산성 P_K에 비례하는 이윤율 $r \equiv \Pi/K$가 상승하는 것이에요.

$$r \equiv \frac{\Pi}{K} \equiv \frac{\Pi}{Y}\frac{Y}{K} \equiv \pi P_K.$$

여기서 파라미터 π는 국민소득 Y에 대한 이윤 Π의 비율, 즉 이윤분배율이지요. 자본생산성성장률 g_{PK}가 플러스이면, 경제성장률 $g_Y \equiv g_K + g_{PK}$가 자본성장률 g_K보다 크므로,

$$g_Y > g_K > r > i.$$

반면 불황기에 자본생산성성장률 g_{PK}는 마이너스입니다. 그래서 자본생산성 P_K에 비례하는 이윤율 $r \equiv \pi P_K$가 하락하는 것이에요. 경제성장률 $g_Y \equiv g_K + g_{PK}$가 자본성장률 g_K보다 작으므로,

$$g_Y < g_K < i < r.$$

따라서 경제성장률 g_Y와 자본성장률 g_K가 이윤율 r과 이자율 i

보다 큰 성장기에는 재정적자에도 불구하고 국채 발행이 지속가능한 반면 경제성장률 g_Y와 자본성장률 g_K가 이자율 i 와 이윤율 r 보다 작은 불황기에는 국채 발행이 지속가능하려면 재정흑자가 불가피하다고 해석할 수 있습니다. 그래서 성장기에는 재정정책이 중요한 반면 불황기에는 통화정책이 중요한 것이에요.

물론 불황기에 재정흑자가 불가피하다는 것이 반드시 세출의 감소를 의미하는 것은 아닙니다. 소득세의 누진성을 강화하거나, 그럴 수 없을 경우에는 부가가치세를 비롯한 다양한 판매세를 도입함으로써 세입을 증가시킬 수만 있다면, 세출을 증가시키지는 못하더라도 기존의 수준에서 유지할 수 있거든요.

『마르크스의 '자본'』에서 설명한 것처럼, 불황기에 대한 케인즈주의적 설명은 인과관계를 전도한다는 사실에 주목해야 합니다. 재정정책이 통화정책으로 역전되어 불황기가 시작된다고 주장하는 셈이거든요. 케인즈주의적 자본축적론의 기본방정식에서는 자본성장률 g_K가 독립변수이고 이윤율 r 이 종속변수입니다.

$$r = \frac{1}{a} g_K.$$

여기서 파라미터 a 는 고정자본 K 로 축적되는 이윤 Π 의 비율, 즉 축적률이지요. 그런데 재정정책이 통화정책으로 역전되면서 금융화가 전개되고, 그 결과 자본성장률 g_K가 하락하여 이윤율 r 이 하락하면서 불황기가 시작된다는 것이 케인즈주의의 주장이에요.

반면 마르크스주의적 자본축적론의 기본방정식에서 독립변수는 이윤율 r 이고 종속변수는 자본성장률 g_K 입니다.

$$g_K = ar.$$

따라서 자본성장률 g_K가 하락하는 것은 이윤율 r 이 하락하기 때문이지요. 또 이윤율 r 이 하락하는 것은 기술혁신의 한계로 인해 자본생산성 P_K가 하락하기 때문이에요. 그 결과 재정정책이 통화정책으로 역전되면서 금융화가 전개되는 것이지요.

케인즈주의적 자본축적론의 결함은 결국 기술혁신의 한계 때문에 자본생산성과 이윤율이 하락한다는 사실을 무시한다는 데 있습니다. 그것은 마르크스의 확대재생산표식론에서 출발하는 경제성장론 또는 심지어 경기순환론일 따름이거든요. 부르주아 경제학에서 기술혁신의 문제에 주목하는 유일한 예외가 슘페터주의적 자본축적론인데, 그러나 이 경우에도 나름대로 문제가 있어요.

슘페터주의적 자본축적론에서는 기술혁신의 도입·확산기에서 안착·성숙기로의 이행을 매개하는 것이 금융화라고 주장합니다. 예를 들어, 1920년대와 1990-2000년대의 금융화는 기술혁신이라는 토대가 있으므로, 금융화만 통제하면 자본축적을 재개할 수 있다는 것이지요. 따라서 기술혁신의 한계보다는 오히려 기술혁신의 잠재력에 대한 과대평가로 인해 금융화가 전개된다고 주장하는 셈이에요. 이런 문제는 1910-20년대의 산업혁명과 1990년대의 교통·통신혁명을 구별하지 못하는 데서 기인하는 것이지요.

어쨌든 이제까지는 이윤율의 이론궤도를 설명한 것일 따름이고, 현실궤도에 대한 설명은 훨씬 더 복잡할 수밖에 없습니다. 금융세계화를 고려하면서 이윤율의 운동에 대한 구조적 설명과 정세적 설명을 결합해야만 하거든요. 먼저 확인해두어야 할 것은 1980년대부터 이윤율이 상승한다는 사실인데, 그러나 이것은 산업혁명과 기술혁신이 아니라 금융세계화와 금융혁신 때문이에요. 게다가 이윤율의 상승에도 불구하고 자본성장률은 하락하지요.

금융세계화로 인해 이윤율 r이 상승하더라도 자본성장률 g_K가 하락하는 것은 주주행동주의와 주주가치최대화로 인해 파라미터인 축적률 a가 하락하기 때문입니다.

$$g_K \downarrow = a \Downarrow \times r \uparrow .$$

또 이윤율 $r \equiv \pi P_K$의 상승은 이윤분배율 π가 불변이더라도 자본생산성 P_K가 상승한다는 사실을 의미하고, 자본생산성 $P_K \equiv Y/K$의 상승은 고정자본 K에 비해서 국민소득 Y가 더 빨리 증가한다는 사실을 의미하지요. 결국 금융세계화로 인해 국민소득 Y가 증가한다는 것인데, 축적률 a의 하락이 자본성장률 $g_K \equiv K'/K$의 하락, 즉 투자 $I \equiv K'$의 감소를 상쇄하거든요.

$$Y\uparrow = \frac{1}{a\Downarrow \times \pi} \times I\downarrow .$$

이것이 케인즈주의적 자본축적론을 특징짓는 투자승수방정식인데, 축적률 a와 이윤분배율 π의 곱의 역수가 바로 투자승수입니다. 투자승수방정식을 마르크스의 확대재생산표식론에서 도출할 수도 있으므로, 간단하게 수치를 이용하여 설명해보겠어요. 확대재생산표식의 1차 연도의 실현조건에서 1부문과 2부문의 국민소득의 총계 Y는 3500, 투자의 총계 I는 650이고, 이윤분배율 π는 1/2이지요. 또 국민소득에서 차지하는 가중치 2000/3500, 1500/3500을 고려하여 1부문의 축적률 0.5와 2부문의 축적률 0.2의 평균치를 계산하면 축적률 a가 13/35임을 알 수 있어요.

$$a = \frac{2000}{3500} \times 0.5 + \frac{1500}{3500} \times 0.2 = \frac{13}{35}.$$

따라서 확대재생산표식에서도 투자승수방정식을 도출할 수 있지요.

$$3500\,Y = \frac{1}{\frac{13}{35}a \times \frac{1}{2}\pi} \times 650\,I.$$

여기서 투자승수방정식이 확대재생산표식의 특정 연도의 실현조건을 의미할 따름이라는 사실에 주목해야 합니다. 확대재생산표식을 전체적으로 고려하면, 축적률 a의 하락은 경제성장률 g_Y의 하락을 의미하거든요.

$$g_Y \downarrow = a \Downarrow \times r \uparrow .$$

기술혁신을 무시하는 확대재생산표식에서는 자본생산성성장률 g_{PK}가 0이어서 경제성장률 $g_Y \equiv g_K + g_{PK}$가 자본성장률 g_K와 일치하므로, 자본축적론의 기본방정식 $g_K = ar$을 $g_Y = ar$로 변형할 수 있어요. 금융세계화로 인한 축적률 a의 하락은 국민소득 Y를 증가시키는 반면 경제성장률 g_Y를 하락시키는 것이에요.

그러나 현실적으로는 경제성장률 g_Y가 자본성장률 g_K와 일치하지 않을 수 있습니다. 방금 설명한 것처럼, 자본생산성 P_K가 상승하기 때문에 자본생산성성장률 g_{PK}는 플러스이고, 그 결과 경제성장률 $g_Y \equiv g_K + g_{PK}$가 자본성장률 g_K보다 커지거든요. 게다가 저금리정책으로 인해 경제성장률 g_Y가 이자율 i보다 커질 수 있어요.

$$g_K < i < g_Y < r.$$

그래서 불황기에도 재정적자가 가능한 것입니다. 게다가 1980년대 이후 미국경제에서처럼 민간흑자가 불충분할 경우에는 재정적자와 무역적자가 결합하는 이중적자가 발생할 수 있는 것이지요.

고등학교 경제학 시간에 배운 국민소득삼면등가의 법칙을 이용하여 이중적자가 발생하는 메커니즘을 설명해보겠습니다. 이 법칙에 따르면, 생산국민소득 Y는 임금 W와 이윤 Π를 더한 분배국민소득, 또는 노동자의 소비 C_W, 부르주아지의 소비 C_Π, 투자 I, 재정적자 D, 수출 E와 수입 M의 차이인 무역흑자 $(E-M)$을 더한 지출국민소득과 항상 일치하지요.

$$Y \equiv W + \Pi \equiv C_W + C_\Pi + I + D + (E - M).$$

그런데 임금 W가 노동자의 소비 C_W와 일치한다고 가정하면,

$$\Pi \equiv C_{\Pi} + I + D + (E - M).$$

이제 이중적자를 설명할 수 있습니다. 항을 다시 정리하면,

$$(M - E) \equiv D - (\Pi - C_{\Pi} - I).$$

우변이 플러스이면, 좌변도 플러스이지요. 달리 말해서 민간흑자 $(\Pi - C_{\Pi} - I)$가 재정적자 D보다 작으면, 수출 E가 수입 M보다 작아서 무역적자 $(M - E)$가 발생하는 것이에요.

또 삼중적자도 설명할 수 있습니다. 항을 다시 정리하면,

$$(M - E) \equiv D + (C_{\Pi} + I - \Pi).$$

재정적자 D에 민간적자 $(C_{\Pi} + I - \Pi)$가 추가되고, 동시에 무역적자 $(M - E)$가 발생하는 것이 삼중적자이지요. 임금 W가 노동자의 소비 C_W와 불일치하는 경우에는 이중적자와 삼중적자의 수식이 복잡해지기는 하지만 대동소이하다고 할 수 있어요.

케인즈주의적 자본축적론의 결함은 결국 경제관의 결함과 관련되는 것입니다. 케인즈는 리카도나 마르크스와 달리 공급이 아니라 수요, 달리 말해서 생산이 아니라 소비가 경제의 핵심이라고 주장하지요. 문제는 단기와 장기, 달리 말해서 정세와 구조의 구별인데, 정세적으로 소비가 아무리 중요하더라도 구조적으로 결정적인 것은 생산이거든요. 반면 케인즈의 모토는 아주 포스트모던해서 '장기적으로 우리는 모두 죽는다'(in the long run, we are all dead)는 것이에요.

이 대목에서 좌파 케인즈주의라고도 불리는 케인즈주의의 일각에서 주장하는 금융위기에 대한 대안을 비판할 수 있습니다. 좌파 케인즈주의는 임금인상과 소득재분배가 대안이라고 주장하지요. 임금인상과 소득재분배를 통해 노동자의 소비를 증가시킴으로써 불

황기를 성장기로 역전시킬 수 있다는 것이에요. 나아가 총고용보장을 통해 노동자의 소비를 증가시키자고 주장하기도 하지요. 총고용보장은 특히 공공부문의 신규 고용을 의미하는데, 그래서 공공부문을 '최종고용자'라고 부르는 것이에요.

임금인상·소득재분배나 총고용보장·최종고용자를 통해서 소비를 증가시키려면 통화정책을 재정정책으로 역전시켜야 합니다. 그러나 문제는 재정위기가 예상되는 상황에서 재정적자는 불가능하고 오히려 재정흑자가 필요하다는 데 있어요. 그래서 좌파 케인즈주의적 대안이 '정치적으로 올바를지'(politically correct) 몰라도 '경제학적으로 오류'라고 한 것이지요. 달리 말해서 인민주의적 대안일 따름이라는 것이 제 생각이에요.

재정위기에 대한 불감증은 좌파 케인즈주의의 특징인데, 그런 문제는 화폐관의 결함으로 소급하는 것이기도 합니다. 신용을 화폐로 환원하는 고전파를 비판하는 좌파 케인즈주의는 대신 화폐를 신용으로 환원하거든요. 그러나 화폐와 신용은 엄밀하게 구별해야 하는데, 화폐는 말하자면 신용이라는 상부구조가 그 위에 서 있는 토대라고 할 수 있어요. 그래서 부르주아 경제학에서도 화폐를 신용과 구별하여 'monetary base', 즉 본원통화라고 부르는 것이에요.

화폐를 신용으로 환원하는 좌파 케인즈주의가 금융혁신을 비판하는 것은 자가당착입니다. 주택담보부증권과 관련된 금융혁신이 신용을 국채와 혼동하는 신용의 증권화라면, 좌파 케인즈주의는 신용을 화폐와 혼동하는 신용의 화폐화라고 할 수 있거든요. 그러나 민간의 부채인 신용과 달리 화폐와 국채는 국가의 부채이지요.

여담이지만, 2010년 6월로 예정된 지방선거를 앞두고서 재정위기라는 쟁점이 제기되고 있습니다. 1997년에 12.3%이던 국채의 비중은 김대중 정부와 노무현 정부를 거치면서 19.5%와 33.3%로 상승하는데, 기획재정부는 이명박 정부를 거치면서 40%로 상승할 것으로 예상하고 있지요. 그러나 더블딥이 예상되는 상황에서 국채의 비중이 그 이상으로 상승할 가능성도 배제할 수는 없어요.

이런 상황에서 진보주의자들이 주장하는 '보편적 무상급식'은 인민주의적 정책의 자가당착을 상징하는 사례입니다. 무상급식의 보편화는 빈곤층에 대한 지원이 아니라 오히려 부유층에 대한 지원이라고 해야 하거든요. 유럽에서 재정위기의 한 가지 원인으로 지목되고 있는 부유층에 대한 '재정복지'를 주장하는 진보주의자들의 의도가 무엇인지 정말 알다가도 모르겠어요.

2차 대불황에 대비한 '플랜 B'

다시 더블딥에 대한 논쟁으로 돌아가겠습니다. 재건금융공사와 수량완화정책으로 인한 은행의 좀비화 때문이든, 아니면 너무 빠르거나 너무 늦은 출구전략 때문이든, 더블딥의 발생은 곧 2차 대불황으로 귀결되겠지요. 그래서 더블딥과 2차 대불황에 대비하는 새로운 정책대응, 즉 플랜 B가 출현하는 것인데, 그 핵심은 여전히 발권이익과 함께 이중적자를 유지하는 데 있어요. 다만 그 규모를 세계시장이 아니라 지역시장으로 축소하자는 것이지요.

플랜 B와 관련해서 미국의 가장 중요한 싱크탱크 중 하나인 국제경제연구소(IIE)에 주목해야 합니다. 이 연구소에 따르면, 달러위기는 곧 안보위기이기도 하지요. 마르크스주의적으로 말해서 금융세계화의 위기는 곧 군사세계화의 위기라는 것이에요. 달러위기와 안보위기의 결합에 대한 정책대응에서 국제경제연구소가 중시하는 것이 바로 요즘 대중매체에서도 주목하는 주요2개국, 주요20개국, 그리고 아시아태평양경제협력체인데, 그 핵심은 유럽이 아니라 동아시아이지요.

동아시아가 플랜 B의 핵심이 된다는 것은 2차 대불황이 예상되는 상황에서 이중적자와 수출달러환류가 그만큼 중요하기 때문입니다. 단기적으로는 물론이고 중기적으로도 미국의 이중적자를 해결하는 것이 쉽지 않다면, 그만큼 동아시아의 수출달러환류에 의존할 수밖에 없거든요. 이따가 설명할 것처럼, 미국이 한반도의 군사

정세에 주목하는 것은 이런 맥락에서 당연한 일이지요.

먼저 주요2개국(G2)은 2009년에 출범한 미국과 중국의 전략및경제대화(S&ED)를 의미합니다. 그것은 국무부가 주도하던 고위급전략대화(SD)와 재무부가 주도하던 전략경제대화(SED)를 통합한 것이에요. 고위급전략대화의 주제는 안보 문제인데, 2005년부터 시작되었지요. 또 경제 문제를 주제로 하는 전략경제대화는 2006년부터 시작되었어요. 그러다가 이번에 미-중수교 30주년을 기념하여 두 대화를 결합한 것이 전략및경제대화이지요.

2000년대부터 이중적자와 수출달러환류에서 차지하는 중국의 비중이 급증한 것은 물론 사실입니다. 그러나 중국의 경제력을 과대평가할 필요는 없어요. 1989년의 천안문사건을 계기로 개혁·개방의 기조가 변화하면서 중국경제도 초민족화되거든요. 그 결과 화교자본이 초민족자본으로 대체되는데, 1997-98년 동아시아 경제위기 이후 그런 경향은 더욱 강화되지요. 중국의 수출기업의 절반 정도를 차지하는 외국자본에서 화교자본의 비중은 점점 줄어들고 있고 미국자본과 일본자본의 비중이 점점 커지고 있거든요.

2001년에 세계무역기구(WTO)에 가입하면서 중국의 수출이 급증하는데, 그것은 사실 중계무역일 따름입니다. 즉 동아시아의 다른 나라에서 수입한 부품·소재를 조립·가공하여 미국으로 수출하는 것이에요. 그리고 그 토대가 바로 저임금과 평가절하이지요. 쉽게 말해서 이전에는 남한이나 동남아시아도 독자적으로 미국에 수출할 수 있었는데, 그러나 이제는 중국의 저임금과 평가절하로 인해 수출경쟁력을 상실한 것이에요. 그래서 중국을 우회하여 미국으로 수출할 수밖에 없게 된 것이지요.

2009년 말에 2.4조달러까지 증가한 중국의 외환보유액은 2010년 말에는 3조달러를 초과할 것으로 예상됩니다. 따라서 그 2/3로 추정되는 달러표시 자산은 2조달러를 초과할 것으로 예상되지요. 이중적자와 수출달러환류를 유지하려는 미국의 입장에서 중국의 협력이 결정적인 것은 당연한 일이에요. 물론 중국이 미국에 대해 우위에 있다고 할 수는 없는데, 중국의 입장에서 보면 미국에게 돈을 물린 상태라고 할 수 있거든요.

이 대목에서 국제경제연구소가 주장하는 '아시아판 플라자합의', 즉 달러의 평가절하와 위안의 평가절상을 둘러싸고 주요2개국 내부에서 갈등이 전개될 수밖에 없다는 사실에 주목해야 합니다. 그럴 경우 중국은 수출경쟁력이 약화될 뿐만 아니라 또한 미국의 국채원리금을 탕감해주는 셈이거든요.

[2010년 3월에 국제경제연구소 소장 버그스텐은 의회의 증언에서 위안의 환율이 25-40% 평가절하되었다는 기왕의 주장을 반복하면서 4월에 재무부가 의회에 제출할 반년간 환율보고서에서 중국을 '환율조작국'으로 지정하는 동시에 국제통화기금과 세계무역기구를 통한 나사주의적 압력을 행사하자고 제안한다. 그러나 곧 설명할 핵안보정상회의에 대한 중국의 협력이 우선시되면서 중국의 환율조작국 지정은 다음 기회로 유보된다.]

어쨌든 미국이 중국에만 의존할 리가 없는데, 바로 이런 맥락에서 2008년에 출범하는 주요20개국(G20)에 주목해야 하는 것입니다. 당장에는 주요2개국이 중요할지 몰라도, 결국에는 주요20개국이 훨씬 더 중요하다고 할 수 있어요. 2010년에는 남한이 의장국인데, 정권 재창출에 올인하고 있는 진보주의자들에게는 별로 반가운 일이 아니겠지요.

주요20개국이 바로 주요7개국(G7)을 대체하는 새로운 '최고위급 포럼'(premier forum)입니다. 미국을 중심으로 해서 영국·캐나다·일본과 독일·프랑스·이탈리아 같은 선진국으로 구성되는 주요7개국은 경제 문제를 취급하는데, 안보 문제의 경우에는 러시아를 추가하여 주요8개국(G8)이라고 부르기도 하지요. 유럽의 반대에도 불구하고 미국이 주도하는 주요20개국의 핵심은 중국·남한 같은 동아시아 신흥국을 추가한다는 데 있어요. 물론 브라질·멕시코 같은 라틴아메리카 신흥국도 포함되지요.

주요7개국을 주요20개국으로 대체하는 과정에서 미국은 국제통화기금(IMF)의 개혁도 시도합니다. 1997-98년 동아시아 경제위기를 계기로 해서 국제통화기금에 대한 불신이 확산되는데, 남한에서도 이른바 'IMF의 신탁통치'에 대한 대중적 반감이 고조되지요. 그래서 미국이 주요20개국과 연계하여 국제통화기금의 개혁을 시도하는 것이에요. 반면 유럽연합은 동아시아 경제위기 직전에 일본이 구상하던 아시아통화기금(AMF)과 유사한 유럽통화기금(EMF)을 구상하고 있는데, 그러나 2009년 12월부터 발효되는 리스본조약(미니헌법조약)을 개정해야 하므로 현실성은 별로 없어요.

2009년 9월에 개최된 주요20개국 3차 정상회의에서도 미국과 유럽의 신경전이 전개됩니다. 사르코지 대통령이 주요20개국을 주요14개국(G14)으로 축소하자고 제안하거든요. 주요14개국의 신흥국은 브릭스(BRICs), 즉 브라질·러시아·인도·중국이에요. 그러나 오바마 대통령이 그의 제안을 거부하면서 주요20개국이 유지되고, 게다가 남한이 차기 의장국으로 지명된 것이지요. 요즘 국제경제연구소가 브릭스에 남한을 추가하여 브리크스(BRICKs)라고 부르기도 하는 것도 같은 맥락이에요.

여기서 아시아태평양경제협력체(APEC)에 대해서도 주목해야 합니다. 2009년에 아시아태평양경제협력체는 20주년이 되는데, 11월에 개최된 정상회의에서 미국의 제안대로 아시아태평양경제협력체를 아시아태평양자유무역지대(FTAAP)로 발전시키자는 합의가 도출되지요. 부시 정부에 의해서 사문화된 1994년의 '보고르 선언'의 이행이 재확인된다는 것이에요.

미국이 구상하는 아시아태평양자유무역지대는 동아시아자유무역지대라는 중국의 구상에 대응하는 것이기도 합니다. 물론 중국의 구상이 실현되는 것은 쉽지 않은 일인데, 프랑스가 독일의 지역 헤게모니를 인정한 것과는 달리 일본이 중국의 지역 헤게모니를 인정할 리 없거든요. 게다가 미국도 독일의 경우와는 달리 중국의 지역 헤게모니를 지지할 리 없어요.

국제경제연구소는 아시아태평양자유무역지대의 구상을 실현하기 위해서는 일본과 남한의 협력이 결정적이라고 주장하면서 주요3개국(G3)이라는 용어를 사용하기도 합니다. 또 이런 맥락에서 한-미 자유무역협정의 조기비준을 촉구하기도 하는 것이지요. [2010년 3월에 버그스텐은 『의회』(회기 중에 발간되는 의회일간지)에 기고한 칼럼에서 자동차배기가스조항에 너무 집착하지 말 것을 권고하기도 한다.]

경제가 아니라 안보의 관점에서도 아시아-태평양지역은 미국에게 사활적 중요성을 갖는 것이고, 이 때문에 한반도의 군사정세에 주목하는 것입니다. 일본인이 말하는 것처럼, 한반도는 일본의 가슴을 향한 단검이라고 할 수 있어요. 그래서 일본의 방위에 한반도가 결정적인 것이지요. 물론 일본의 방위도 그 자체로 중요한 것은 아니고 미국 본토의 방위에 중요한 것이에요. 그래서 일본을 불침항모라고 부르는 것인데, 한반도는 그것을 호위하는 구축함이라고 할 수 있겠지요.

미국인은 자기 나라를 섬이라고 생각합니다. 오른쪽으로는 대서양과 왼쪽으로는 태평양이 둘러싸고 있는 섬이라는 것이지요. 미국의 유럽정책이 유럽대륙에 대한 지배권이 아니라 대서양 제해권을 의미하는 것처럼, 동아시아정책도 아시아대륙에 대한 지배권이 아니라 태평양 제해권을 의미하는 것이에요. 그래서 일본은 물론이고 한반도도 결코 포기할 수 없는 것인데, 정 안 된다면 일본은 몰라도 한반도는 잿더미로 만들 수 있겠지요.

이 대목에서 해외주둔미군재배치계획(GPR)의 수정에 대해서도 주목해야 합니다. 2012년에 전시작전통제권이 반환될 예정인데, 부시 정부의 계획은 한미연합사를 해체하고 주일미군을 중심으로 동아시아주둔미군을 재배치하려는 것이었어요. 반면 오바마 정부는 2010년에 한국사령부를 신설할 예정이라고 해요. 미군은 6개 지역사령부로 편제되는데, 예를 들어 본토를 방위하는 북부사령부와 아시아-태평양을 방위하는 태평양사령부가 그것이지요. 그런데 일곱번째 지역사령부로 한국사령부를 추가한다는 것이에요.

한국사령부는 하와이 이전이 취소되어 평택에 주둔할 예정인 8군과 오산·군산의 8공군의 작전은 물론이고 전시에는 요코스카의 7함대의 작전도 통제할 예정이라고 합니다. 따라서 한국사령부는 동아시아에 주둔하는 육·해·공군 전체의 작전을 통제하게 되고, 한국사령부가 위치할 평택은 동북아허브기지로 기능하게 되는 셈이에요. 그래서 필요한 경우 주한미군을 대만을 포함한 동아시아 각지로 파병할 수 있게 되는 것이지요.

진보주의자들은 부시 정부와 반대로 오바마 정부가 북-미대화에 적극적일 것이라는 낙관적 전망을 제시하지만, 철없는 생각일 따름입니다. 미국정치사에서 공화당은 고립주의를 지향하는 반면 민주당은 개입주의를 지향하지요. 1차 세계전쟁과 2차 세계전쟁에 참전한 것은 윌슨과 로즈벨트의 민주당 정부이거든요. 또 트루먼과 케네디의 민주당 정부는 한국전쟁과 베트남 전쟁에도 참전하지요. 그러니까 냉전이 종식되기 이전까지 국제전이든 국지전이든 모두 민주당 정부의 전쟁이라는 것이에요.

부시 정부는 북한에 대해 허풍만 떨었는데, 그러나 오바마 정부는 그렇지 않습니다. 물론 클린턴 정부처럼 정밀폭격까지 계획하지는 않겠지만요. 부시 정부가 제시한 북한의 비핵화 기준은 분명치 않았던 반면 오바마 정부는 명시적으로 '복원불가능성'과 '검증가능성'이라는 기준을 제시하는데, 이것은 2007년 6자회담에서 합의된 기준을 훨씬 초과하는 것이지요. 그래서 북-미대화는 물론이고 6자회담의 전망도 낙관할 수만은 없는 것이에요. 게다가 김대중 정부나 노무현 정부와 달리 이명박 정부가 비핵화와 무관하게 '정치적 공납', 쉽게 말해서 '퍼주기'를 계속할 리도 없지요.

[2010년에 3월에 국제경제연구소 부소장 놀랜드는 4월로 예상되는 6자회담에 북한이 복귀하는 배경으로 2009년 11월에 강행한 화폐개혁의 실패에 따른 셋째 아들 김정은으로의 권력 승계의 위기를 지적하면서 회담 성과를 회의적으로 전망한다. 그는 2005년에 9·19공동성명이 채택된 직후 천리마운동에서 시작된 스탈린주의로

의 복귀의 정점인 2009년의 화폐개혁이 2006년과 2009년의 핵실험과 함께 2012년으로 예정된 강성대국 건설과 2009년부터 가시화된 후계자 구도의 핵심이라고 주장한다.

[4월에 발표된 핵태세검토보고서(NPR)는 오바마 대통령의 '핵무기 없는 세상'이라는 비전을 구체화한다. 그러나 이 보고서는 2009년 6월의 한-미정상회담에서 오바마 대통령이 약속한 남한에 대한 핵우산과 함께 6자회담의 재개에 대한 장애 요인이 될 수도 있다. 핵확산금지조약(NPT)에서 탈퇴한 북한이나 그것을 위반한 이란 같은 국외자(outlier)에 대한 핵선제공격의 가능성을 개방하기 때문이다. 같은 맥락에서 북한이 '불법적으로' 핵무기 1-6개를 보유하고 있다고 주장하는 클린턴 국무부장관의 발언에도 주목해야 한다.

[핵태세검토보고서가 발표된 직후에는 북한과 이란을 제외한 47개국 정상과 3개 국제기구 대표가 참여하는 핵안보정상회의(NSS)가 개최된다. 이로써 기존의 주요7개국과 주요8개국을 대체하는 새로운 양대 '최고위급 포럼'이 출현하는 셈인데, 미국의 후원 아래 남한은 2010년에 주요20개국 정상회의를 개최하는 동시에 2012년에는 핵안보정상회의도 개최하기로 결정된다.

[그런데 이번 핵안보정상회의에서 이명박 대통령과 오바마 대통령은 2012년으로 예정된 전시작전통제권(전작권)의 반환을 연기하는 방안을 6월의 한-미정상회담에서 공식적으로 논의하기로 합의한다. 그 직접적 계기는 3월 한-미합동군사훈련 키리졸브 직후에 발생한 천안함 침몰 사건인데, 그러나 전작권의 반환을 연기하는 방안은 이미 2009년 6월의 한-미정상회담에서 비공식적으로 논의되기 시작했다고 한다.]

어쨌든 경제 문제와 관련해서든 안보 문제와 관련해서든 미국이 일본과 한국을 포기하는 것은 쉬운 일이 아닙니다. 그래서 국제경제연구소가 주요3개국이라는 용어를 사용하기도 하는 것이에요. 그러니까 주요2개국이 중국과의 관계를 부각시키는 것이라면, 주요3개국은 중국과의 잠재적 갈등을 염두에 두면서 남한·일본과의 관계에 초점을 맞추는 것이지요. 당장에는 몰라도 결국에는 주요2개국이 아니라 주요3개국이 훨씬 더 중요하겠지요.

물론 이런 플랜 B가 실현될지 여부는 성급하게 판단할 수 있는 일이 아닙니다. 그러나 미국의 정책그룹 일각에서 그런 구상을 제시하고 있고, 또 그것이 나름대로 설득력을 갖고 있기 때문에, 자세하게 설명한 것이에요. 게다가 2010년대에 2차 대불황이라는 불행한 사태가 발생한다면, 경제적·군사적 갈등의 초점은 동아시아일 것이고, 그런 와중에 한반도는 불바다가 될 수도 있거든요.

부르주아지가 이렇게 플랜 B까지 준비하는 상황에서 마르크스주의자의 책무는 여간 막중한 것이 아닙니다. 특히 저 같은 연구자보다는 오히려 여러분 같은 활동가의 역할이 결정적이에요. 금융위기에 대한 이론적 분석을 제시하는 것보다 그 실천적 대안을 준비하는 것이 훨씬 더 어려운 일이거든요. 아까 'art is long, life is short'라는 히포크라테스의 말을 인용한 것처럼, 문제는 'science'가 아니라 오히려 'art'에 있다는 것이에요.

그러나 그럼에도 불구하고 피디의 선배로서 여러분에게 한두 가지 조언을 하면서 오늘 강의의 결론에 대신하고 싶습니다. 한 마디로 말해서 금융위기에 대한 마르크스주의적 대안은 사회운동노조일 수밖에 없어요. 민주노총을 사회운동노조로 재건할 수 없을 경우 남한 노동자운동의 미래는 아주 불투명할 수밖에 없다는 것이 제 생각이에요.

『금융위기와 사회운동노조』에서 설명한 것처럼, 사회운동노조는 마르크스의 『자본』에서 도출되는 노동자계급의 '조직화의 중심', 달리 말해서 원칙적 조직형태입니다. 마르크스는 노조의 경제투쟁에 대한 비판을 반비판하지요. 다만 단서가 있는데, 경제투쟁에만 몰두하면 '총체적으로 실패할' 수밖에 없으므로 노조가 '더 광범위한 사회운동'에 참여해야 한다는 것이에요. 경제투쟁에만 몰두하지 않고 사회운동에도 참여하는 노조가 바로 사회운동노조이지요.

물론 노동자연합도 노동자계급의 원칙적 조직형태입니다. 평의회(코뮌·소비에트) 같이 역사적으로 특수한 형태를 띠는 노동자연합이 노동자계급의 원칙적 조직형태가 되는 이유는 아주 간단한데, 공산주의가 바로 연합적 생산양식이고 그 주체가 바로 노동자연합이거든요. 게다가 사회운동노조와 평의회는 아주 밀접한 관계를 갖는 것이기도 해요. 평의회는 무에서 창조되는 것이 아니라 사회운동에 참여하는 노조를 토대로 해서 건설되어야 하거든요. 그래서 사회운동노조를 평의회노조라고 부르기도 하는 것이지요.

반면 전위정당이라는 조직형태는 마르크스의 『자본』과 아무런 관련도 없습니다. 물론 아나키즘의 준동으로 인해 국제노동자연합이 붕괴한 특수한 정세 속에서 마르크스가 독일사민당 같은 전위정당을 지지한 적은 있어요. 따라서 마르크스에게 전위정당은 노동자운동의 정세적 조직형태라고 할 수 있지요. 반면 레닌은 전위정당을 노동자운동의 원칙적 조직형태로 승격시켜요.

사회운동노조가 아니라 오히려 전위정당을 노동자운동의 원칙적 조직형태로 간주했다는 점에서 1980년대의 피디는 '마르크스의 마르크스주의'가 아니라 '레닌의 마르크스주의'를 지향했다고 할 수 있습니다. 그래서 1989-91년에 베를린장벽이 철거되고 소련이 붕괴되면서 피디도 소멸될 수밖에 없었던 것이지요. 물론 아직도 스탈린주의나 트로츠키주의를 표방하는 사이비 피디가 남아 있는데, 그러나 본래의 피디와는 아무런 관련도 없어요.

이번에 쌍용자동차투쟁을 둘러싸고 전개된 논쟁을 보면, 스탈린주의자나 트로츠키주의자나 모두 민주노총을 비판하면서 전위정당을 건설할 필요성을 강변하고 있습니다. 그들이 대안이랍시고 제시하는 것은 한 마디로 말해서 전위정당이 지도하는 국유화인데, 그것을 이미 20년 전에 실패한 소련식 사회주의와 어떻게 구별할 수 있다는 것인지 정말 알다가도 모르겠어요.

스탈린주의자나 트로츠키주의자의 또 다른 문제는 77일간의 정리해고반대투쟁에서 출현한 폭력투쟁을 정당화하는 데도 있습니다. 그런데 폭력투쟁은 볼트새총을 쏘고 신나통에 불지르는 것으로 끝

나지 않아요. 결국에는 전투경찰이나 공수부대 같은 군대가 투입되거든요. 계급투쟁에는 반칙이 없어요. 마르크스가 강조한 것처럼, 두 개의 법 또는 권리가 충돌하면 폭력이 개입하기 마련이고, 그럴 경우 더 큰 폭력이 승리하는 것은 당연한 일이에요.

요컨대 스탈린주의자나 트로츠키주의자의 대안은 사회운동노조를 전위정당으로 대체하면서 평의회가 아니라 국가가 소유의 주체라고 강변하는 것입니다. 또 그런 국유화는 무상몰수일 수밖에 없으므로 국가권력을 장악하기 위한 폭력투쟁이 필요하다고 주장하는 것이지요. 그러나 그런 대안은 스탈린이나 트로츠키의 마르크스주의는 몰라도 마르크스의 마르크스주의가 될 수 없어요.

2010년에 30주년이 되는 광주항쟁의 가장 중요한 유산은 1950년 한국전쟁으로 소멸한 마르크스주의를 30년만에 부활시킨 것입니다. 반면 광주항쟁의 가장 가슴아픈 교훈은 폭력투쟁의 후과인데, 파리코뮌과 마찬가지로 결국 옥쇄가 불가피했거든요. 여러분도 저처럼 광주항쟁에 대한 여러 가지 감회가 많겠지만, 그럴수록 열사의 정신을 계승하는 길이 무엇인지 숙고할 필요가 있어요.

질의와 응답

사회운동노조의 이념·조직·정책

— 현정세에서 사회운동노조의 의미는 무엇일까요?

— 방금 사회운동노조가 노동자계급의 원칙적 조직형태라고 했는데, 여기서 원칙은 이념을 의미합니다. 좀 더 구체적으로 말해서 마르크스의 『자본』에서 도출되는 공산주의적 이념에 적합한 노조가 바로 사회운동노조라는 것이지요. 당연한 말이겠지만, 마르크스

주의 이전에 이미 노조가 출현하는데, 산업혁명의 과정에서 노동자 계급이 자신의 경제적 이익을 방어하기 위해 자생적으로 조직한 것이 바로 노조이거든요.

그런데 제1 인터내셔널이라고도 부르는 국제노동자연합의 내부에서 노조의 경제투쟁이 과연 유효한가라는 문제를 둘러싸고 논쟁이 전개됩니다. 당시 총평의회 의장이던 마르크스는 노조의 경제투쟁이 무효하다는 비판에 대해 반비판하는 동시에 그 한계에 대해서도 지적해요. 그래서 노조가 경제투쟁에만 몰두하지 말고 사회운동에도 참여해야 한다고 주장한 것인데, 사회운동에도 참여하는 노조가 바로 사회운동노조이지요.

노조의 경제투쟁은 일차적으로 임금인상투쟁을 의미합니다. 물론 노동시간단축투쟁도 경제투쟁에 포함되는데, 그러나 임금인상투쟁에 비해서 훨씬 더 곤란하지요. 1차 세계전쟁과 러시아혁명을 계기로 쟁취된 8시간 노동일은 거의 100년 동안 불변이거든요. 경제투쟁의 한계는 한 마디로 말해서 노동자간 경쟁, 특히 정규직과 비정규직간 경쟁이 심화될 수밖에 없다는 데 있어요.

민주노총의 아킬레스건이 바로 정규직과 비정규직간 경쟁을 비롯한 노동자간 경쟁이라는 사실은 누구도 부정할 수 없습니다. 그래서 민주노총을 사회운동노조로 개조하자고 제안하는 것인데, 노동자간 경쟁을 지양하고 단결을 쟁취할 수 있는 길은 경제투쟁을 넘어서는 더 광범위한 사회운동일 수밖에 없거든요. 달리 말해서 경쟁을 심화시키는 것이 경제투쟁인 반면 단결을 쟁취하는 것이 사회운동이라는 것이에요.

이 대목에서 민주노총이 첫 단추부터 잘못 끼웠다는 사실을 반성할 필요가 있습니다. 민주노총은 대기업·정규직노동자의 기업별노조를 토대로 하는 산업별노조를 건설하는 데 매진하는데, 그 결과 중소기업노동자나 비정규직노동자를 포괄할 수 있는 지역별노조에 대해서는 소홀할 수밖에 없었지요. 게다가 총연맹 자체도 점차 형해화되면서 산업별노조와 기업별노조가 경제투쟁에만 몰두하게 된 것이지요.

민주노총에게는 어떤 맹목이 있는데, 별다른 근거도 없이 독일의 노동자운동을 모델로 삼기 때문입니다. 독일의 노동자운동은 산업별노조, 특히 금속노조(IG Metall)를 중심으로 조직되지요. 그래서 노총(DGB)은 아무런 힘이 없어요. 반면 이탈리아의 노동자운동은 노총(CGIL)을 중심으로 조직되고, 게다가 금속노조(FIOM)는 좌파를 대변하지요. 사실 사회운동노조의 사례도 독일이 아니라 이탈리아의 노동자운동에서 발견되는 것이에요.

이탈리아의 노총과 금속노조를 특징짓는 가장 중요한 정책이 연대임금, 좀 더 구체적으로 말해서 정액임금인상입니다. 전략이라고 부르기도 하는데, 그러나 너무 군사론적 냄새가 나니까 그냥 정책이라고 하는 것이 좋을 것 같아요. 임금인상투쟁은 보통 정률인상을 의미하지요. 그래서 기존의 임금 격차가 점차 확대될 수밖에 없는 것이에요. 반면 정액인상을 통해서 기존의 임금 격차를 점차 축소할 수 있지요.

그런데 연대임금정책은 강력한 산업별노조 이전에 강력한 노총을 요구하는 것입니다. 독일이 아니라 이탈리아에서 연대임금이 가능했던 것은 이 때문이에요. 연대임금정책을 통해서 임금의 격차를 점차 축소하고, 나아가 연대고용정책을 통해서 노동조건의 격차도 점차 축소한다면, 노동자간 경쟁, 특히 정규직과 비정규직간 경쟁도 점차 지양할 수 있겠지요.

물론 연대임금정책이나 연대고용정책이 그 자체로 혁명적인 것은 아닙니다. 그러나 노동자간 경쟁이 심화되는 조건에서 공산주의로의 이행만 앵무새처럼 반복하는 것은 무능력의 고백일 따름이지요. 1980년대 피디처럼 말해서 이행강령이 필요하다는 것인데, 노동자간 단결을 쟁취할 수 있는 연대임금정책과 연대고용정책이 바로 그런 이행강령이에요. 그래서 민주노총을 사회운동노조로 개조하자고 제안하는 것이지요.

— 노조의 정치운동과 사회운동을 어떻게 구별할 수 있을까요?

— 아주 중요한 질문입니다. 사실 마르크스는 노조가 경제투쟁보다 '더 광범위한 운동'에 참여해야 한다고 말하면서 그것을 '사회·정치운동'이라고 부르지요. 그러나 사회·정치운동의 주체는 여전히 노조이고 전위정당의 지도 같은 것은 전제되지 않아요. 반면 레닌은 노조에 대한 전위정당의 지도를 부당전제하는데, 그 결과 전위정당이 사회·정치운동의 주체로 승격되는 것이에요.

이미 설명한 것처럼, 1980년대의 피디는 마르크스가 아니라 오히려 레닌을 계승한다고 할 수 있습니다. 이렇게 전위정당의 관점에서 노동자운동을 해석하는 것을 '정치적 노동자운동론'이라고 부르기도 하지요. 사실 엔엘도 마찬가지인데, 당시 엔엘과 피디의 모든 논쟁은 결국 북한의 조선노동당이 진정한 전위정당인지 여부를 쟁점으로 하는 것이거든요.

그래서 민주노총의 건설에서 피디도 엔엘도 아닌 무정형의 중앙파가 헤게모니를 행사하게 된 것입니다. 중앙파는 전위정당을 부정하는 '경제적 노동자운동론'을 제시하고, 민주노총의 모델로 소련도 북한도 아닌 독일의 노동자운동을 수입하지요. 민주노총의 사회·정치운동을 대표하는 민주노동당은 전전의 독일사민당 같은 전위정당이 아니라 전후의 독일사민당 같은 통치정당이에요.

민주노총이 파행을 거듭하게 된 데는 물론 중앙파의 책임 못지않게 피디와 엔엘의 책임도 큽니다. 그래서 경제적 노동자운동론을 비판하기 위해서는 스탈린주의나 트로츠키주의를 표방하는 사이비 피디처럼 정치적 노동자운동론을 반복해서는 안 되고, 마르크스 자신의 노동자운동론을 복원해야 한다는 것이지요. 전위정당의 지도 없이도 노조가 사회·정치운동의 주체가 될 수 있거든요.

방금 설명한 것처럼, 마르크스는 경제투쟁보다 더 광범위한 노조의 운동을 사회·정치운동이라고 부릅니다. 그러나 마르크스주의의 역사 속에서 사회·정치운동, 특히 정치운동은 전위정당의 관점에서 해석되고, 그런 관행을 변화시키는 것은 거의 불가능한 일이지요. 그래서 오해의 여지를 불식하기 위해서는 노조의 사회·정치운동을 사회운동으로 단순화하는 것이 필요하다는 것이 제 생각이에요.

— 우파가 민주노총을 장악하고 있는 상황에서 중앙파와 좌파가 총연맹을 강화하자는 제안에 찬성할까요?

— 민주노총을 재건하려면 우파는 물론이고 중앙파와 좌파도 자기비판이 필요합니다. 우파 못지않게 중앙파와 좌파도 오류를 범했거든요. 노동의 신축화를 위한 '3제', 즉 정리해고제·파견근로제·변형근로제에서 처음 두 개는 우파가 수용하고, 마지막 한 개는 중앙파와 좌파가 수용하는데, 변형근로제야말로 신축화의 절정이에요. 잘못하면, '똥 묻은 개가 겨 묻은 개를 나무라는' 격이지요.

민주노총 내부에서도 분파투쟁이 필요한 것은 물론인데, 그러나 민주노총은 역시 대중조직이라는 사실을 명심해야 합니다. 그래서 분파투쟁이 일정한 한도를 넘어서는 안 되는 것인데, 2005년 대의원대회의 폭력 사태는 어떤 이유로도 변명할 수 없어요. 2008년에 진보신당이 민주노동당에서 분당한 것도 너무 성급했습니다. 그렇다고 해서 물론 진보신당이 민주노동당으로 복당하는 것도 쉬운 일은 아니겠지요. 하여튼 민주노총도 그렇고 민주노동당도 그렇고 대중조직이라는 사실을 망각해서는 안 된다는 말이에요.

'못나도 울 엄마'라는 말처럼, '못나도 우리 민주노총'이에요. 더군다나 2차 대불황이 임박한 상황에서 총연맹을 강화하는 것말고는 별다른 대안이 없어요. 민주노총 내부의 여러 정파와 외부의 여러 사회운동단체가 모여서 이 난국을 돌파하기 위해 총연맹을 어떻게 강화할 수 있을지 난상토론을 해야 할 상황이에요. 그러니까 과도한 분파투쟁은 지양했으면 좋겠다는 말이지요.

총연맹을 강화하자는 제안은 산업별노조로는 해결할 수 없는 과제가 있기 때문입니다. 독일이나 남한에서 금속노조의 주된 관심은 자동차산업과 관련된 미시경제적 문제이지요. 반면 총연맹은 민족경제나 세계경제와 관련된 거시경제적 문제에 관심을 가질 수 있어요. 독일노총이나 민주노총이 거시경제적 문제에 대해 무관심한 것은 결국 산업별노조에 비해서 총연맹이 무력하기 때문이에요.

마지막으로 산업별노조와 기업별·지역별노조를 대립적으로 사고해서도 안 됩니다. 이탈리아의 노동자운동에서처럼 산업별노조가 할 수 없는 일을 기업별노조가 할 수 있거든요. 또 기업별노조를 조직하기 곤란한 중소기업이나 비정규직의 경우에는 지역별노조가 할 수도 있고요. 예를 들어, 금속노조와 현대자동차노조의 갈등은 산업별노조가 할 수 있는 일이 분명치 않은 상황에서 기업별노조를 해체하려고 하니까 발생한 것이에요.

— 사회공공성투쟁도 사회운동이라고 할 수 있을까요?

— 방금 설명한 것처럼, 1997-98년 경제위기에 제대로 대응하지 못하면서 민주노총이 표류하기 시작합니다. 당시 우파는 노사정협상에 참여하여 정리해고제·파견근로제와 교원·공무원노조의 합법화를 교환하지요. 그런데 문제는 협상에 참여한 것 자체가 아니라 교환을 잘못한 것에 있어요. 교원·공무원노조의 합법화를 위해 노동의 신축화를 수용한다는 것은 있을 수 없는 일이거든요.

사실 국제노동자운동의 역사에서 교원·공무원노조나 공기업노조 같은 공공부문노조의 역할은 별로 긍정적이지 않습니다. 대표적 사례가 이탈리아의 노동자운동인데, 1990년대부터 금속노조와 공공부문노조의 세력관계가 변화하면서 사회운동노조가 쇠퇴하고 코퍼러티즘이 득세하지요. 공공부문노조의 목적은 자신의 '신분', 즉 고임금과 고용보장 같은 경제적 이익을 방어하는 데 있거든요.

이탈리아의 사례를 남한에 그대로 대입할 수는 없겠지만, 공공부문노조의 부상을 무조건 환영할 수만은 없습니다. 예를 들어, 전교조만 하더라도 초창기에는 '참교육'을 위해서 투쟁했지요. 그러나 현재의 전교조는 주로 교원의 경제적 이익을 위해서 투쟁하지요. 최근 물의를 빚고 있는 일제고사반대투쟁도 참교육투쟁이라고 할 수는 없다는 것이 제 생각이에요.

이명박 정부가 추진하는 선진화정책 때문에 공공부문의 조건도 점차 악화되고 있는 것은 사실입니다. 그러나 공공부문의 조건이 여전히 민간부문의 조건보다 우월하다는 것도 역시 사실인데, 김대중-노무현 정부가 추진한 4대개혁 중 공공부문개혁만 중도반단되거든요. 반면 4대개혁 중 가장 완벽하게 추진된 것은 금융개혁인데, 그 결과 7대 은행 중 6개가 외국자본에게 매각되면서 겸업화가 급진전된 것이에요. 재벌개혁과 노동개혁은 그 중간이라고 할 수 있겠지요.

물론 공공부문 내부에서 순위 변화가 발생하기도 하는데, 1997-98년 경제위기 이전에는 교육부문이 고임금을 상징하는 반면 현재는 공기업부문이 고임금을 상징하기 때문이지요. 그래서 그렇게 많은 대학생들이 공기업 입사시험을 '고시'라고 부르면서 목숨걸고 매달리고 있는 것이에요.

공공부문노조를 해체하자는 것은 물론 아닙니다. 단지 공공부문노조의 사회공공성투쟁이 진정한 의미에서 사회운동이 될 수 있으려면 초창기 전교조처럼 자신의 신분을 방어하기 위한 경제투쟁을 지양해야 한다는 것이에요. 달리 말해서 민간부문노조가 관심을 갖지 못하는 거시경제적 문제를 제기하면서 총연맹을 추동할 수 있어야 한다는 것이지요.

— 민주노총의 일각에서 주장하는 사회임금에 대해서는 어떻게 생각하시는지요?

— 사회임금은 쉽게 말해서 사회보장을 의미합니다. 국가가 조세를 전용하여 저임금을 보전해주어야 한다는 것이지요. 따라서 사회임금은 연대임금과 전혀 다른 것이에요. 연대임금의 목적은 고임금

그 자체보다는 오히려 노동자간 경쟁을 지양하고 단결을 쟁취하는 데 있거든요. 『공산주의자 선언』에서 마르크스와 엥겔스가 말한 것처럼, '노동자들의 투쟁의 진정한 결과는 [임금 인상이라는] 직접적 성과가 아니라 점차 확대되는 그들의 단결'이에요.

연대임금이 마르크스주의적인 것이라면, 사회임금은 라살주의적인 것입니다. 여기서도 민주노총이 독일 노동자운동에 너무 경도되어 있다는 사실을 알 수 있지요. 미국에 비해서 상대적으로 저임금인 독일에서는 국가가 조세를 전용하여 저임금을 보전해주는데, 그것이 바로 사회보장이지요. 독일 노동자운동의 또 다른 결함은 라살로 소급하는 국가주의라고 할 수 있어요.

여담이지만, 광주항쟁이 형해화된 것도 결국 국가주의 때문입니다. 누가 뭐래도 김대중 정부나 노무현 정부가 광주항쟁의 정신을 계승하는 것은 결단코 아니에요. 김대중-노무현 정부는 이른바 '좌파 신자유주의'를 표방하는 매판정부일 따름이거든요. 반면 광주항쟁은 부마항쟁과 함께 신자유주의에 대한 최초의 투쟁이라고 해석할 수 있다는 것이 제 생각이에요.

— 그런데 정규직과 비정규직의 격차가 이미 구조화된 조건에서 민주노총을 재건하는 일이 쉬울까요?

— 물론 쉽지 않습니다. 그래서 'art is long, life is short'라고 한 것이에요. 환자는 죽어가고 있는데, 의술은 아직 멀었거든요. 그러나 저 같은 연구자로서는 마르크스의 이론이나 국제노동자운동의 경험으로 발언을 제한할 수밖에 없어요. 실제로 민주노총을 재건하는 것은 여러분 같은 활동가의 몫이거든요. 그러니까 저는 하늘을 날 수 있는 원리를 설명할 따름이고 그런 원리에 따라 실제로 하늘을 날 수 있는 비행기를 제작하는 것은 여러분이에요.

이 대목에서 '비정규직의 정규직화'라는 구호를 비판할 수 있습니다. 그것은 하늘을 날고 싶다는 'pious hope', 즉 진지하지만 현실성 없는 희망일 따름이에요. 하늘을 날 수 있으려면 먼저 비행기가 있어야 하거든요. 이카루스처럼 촛농으로 날개를 붙였다가는 금방 떨어져 죽어요. 게다가 저 혼자 죽는 것이 아니라 남도 죽게 만들지요. 비정규직의 정규직화는 무능력의 고백일 따름이에요.

마르크스가 강조한 것처럼, 자본주의에서는 비정규직이나 실업자가 소멸할 수 없습니다. 그래서 비정규직이나 실업자를 산업예비군이라고 부른 것이에요. 비정규직이나 실업자가 소멸한다면, 그것이 바로 공산주의이지요. 따라서 비정규직의 정규직화, 실업자의 취업자화가 노조의 당면과제가 될 수는 없어요. 그런 과제를 위해서 투쟁하는 노조는 결국 패배할 수밖에 없겠지요.

— 쌍용자동차투쟁처럼 경제투쟁이 폭발하는 상황에서는 사회운동노조만으로 부족하지 않을까요?

— 이미 설명한 것처럼, 사회운동노조는 경제투쟁의 유효성과 동시에 그 한계를 강조합니다. 경제투쟁을 통해 임금을 인상하고 노동조건을 개선할 수 있는데, 그러나 그것만으로는 결국 패배할 수밖에 없거든요. 경제투쟁을 아무리 전투적으로 수행한다고 해도 모든 노동자가 공공부문처럼 신분을 보장받을 수는 없어요.

그래서 자본주의를 변혁해야 하는 것인데, 그 출발점은 아주 분명합니다. 노동자간 경쟁을 심화시키는 경제투쟁을 지양하고 노동자간 단결을 쟁취할 수 있는 사회운동으로 진출해야 한다는 것이지요. 다시 한번 강조하자면, '노동자들의 투쟁의 진정한 결과는 점차 확대되는 그들의 단결'이라고 할 수 있어요.

물론 '고양이 목에 방울 달기'처럼 쉬운 일은 아닙니다. 그러나 그것만이 쥐가 살길이라는 것도 역시 진실이지요. 쌍용자동차투쟁이 아무리 전투적이라고 해도 기업이 파산한 상황에서 정리해고는 불가피한 것이에요. 볼트새총을 쏘고 신나통에 불을 지르는 폭력투쟁으로 해결할 수 있는 문제가 아니거든요.

아무리 생각해도 폭력투쟁은 정말 잘못입니다. 부모님이 주신 목숨이고 어떻게 태어난 세상인데 왜 죽으려고 합니까, 누구 좋으라고. '개똥밭에 굴러도 이승이 낫다'라는 말이 있어요. 물론 결사항쟁이 필요한 경우도 있지요. 광주항쟁처럼 말이에요. 그러나 광주항쟁에서도 죽음 그 자체가 아니라 죽음으로 옹호한 이념이 더욱 중요한 것이에요.

경제투쟁의 직접적 성과에 매몰된 쌍용자동차투쟁은 총체적으로 실패했다고 할 수밖에 없습니다. 노동자의 단결이 아니라 경쟁만 심화시켰거든요. 정리해고를 둘러싼 노노갈등은 두말 할 나위도 없고, 결국 투쟁을 주도한 활동가그룹이 퇴출되면서 새로운 지도부가 민주노총 탈퇴를 추진하고 있잖아요.

쌍용자동차투쟁이 총체적으로 실패한 데는 물론 민주노총의 책임도 큽니다. 상하이자동차의 '먹튀' 때문에 쌍용자동차가 파산했다는 민주노총의 주장은 말이 안 되거든요. 도대체 초민족기업의 인수·합병이 무엇인지 도통 모르고 있는 것 같아요. 신자유주의에서 인수·합병의 목적이 기술이전이나 자금전용에 있다는 사실은 민주노총만 모르고 있는 경제학의 상식이에요.

노무현 정부가 쌍용자동차를 매각한 상하이자동차가 처음부터 핵심기술에 관심을 갖는 것은 당연한 일입니다. 또 핵심기술을 유출한 다음에 경영권을 포기하는 것은 당연한 수순이지요. 지엠대우도 마찬가지입니다. 대우그룹이 파산하자 김대중 정부가 대우자동차를 제너럴모터스에게 매각한 것이지요. 부도위기에 처한 제너럴모터스가 지엠대우의 자금을 전용한 것도 당연한 일이에요.

1970-80년대의 민주노조운동이 그랬던 것처럼, 파업투쟁은 노동자대중이 의식화될 수 있는 기회이기도 합니다. 도대체 자본주의란 무엇인지, 나아가 그것을 어떻게 변혁할 수 있는지를 둘러싸고 초보적인 수준에서나마 토론할 수 있는 기회이거든요. 물론 노조가 일상적으로 의식화교육을 할 수도 있겠지요. 그러나 파업의 하루는 일상의 한 달, 심지어 한 해에 해당할 수도 있어요.

파업투쟁의 진정한 목적은 경제투쟁의 직접적 성과가 아니라 단결을 쟁취하는 데 있습니다. 그래서 나는 정리해고가 되었고 너는 안 되었지만, 우리는 모두 같은 노동자라는 사실을 깨달으면, 그것만으로도 승리한 셈이지요. 기업별노조 차원에서라도 그런 투쟁기풍이 조성되면, 산업별노조도 변화하고 또 총연맹도 변화하는 것은 시간 문제라는 것이 제 생각이에요.

— 사회운동노조의 정책으로 대안자유무역협정을 주장하시는 것은 무슨 까닭입니까?

— 먼저 자유무역협정에 대한 반대와 거부가 아니라 비판과 대안이 문제라는 사실을 강조하고 싶습니다. 사실 마르크스주의에는 반대와 거부란 없어요. 반대와 거부는 세계로부터의 도피를 의미하거든요. 노동자계급이 역사의 주인이라면, 비판을 통해 대안을 제시함으로써 세계를 변화시켜야 하지요. 자유무역협정에 대한 반대와 거부는 세계시장으로부터의 도피를 의미할 따름이에요.

어떤 사람은 자유무역협정은 체결하지 않은 채 지금처럼 자유무역을 유지하면 된다고 주장하는데, 그러나 생각처럼 쉬운 일이 아닙니다. 이미 설명한 것처럼, 미국은 아시아태평양자유무역지대를 구상하고 중국은 동아시아자유무역지대를 구상하는 상황인데, 남한만 예외일 수는 없거든요. 달리 말해서 현정세에 적합하지 않은 주장이라는 것이에요.

또 어떤 사람은 라틴아메리카처럼 수입대체공업화를 토대로 해서 남남간 경제통합을 추진하는 것이 대안이라고 주장하는데, 그러나 역사를 왜곡해서는 안 됩니다. 프레비쉬의 종속이론이 대변하는 라틴아메리카의 경험은 사실 스탈린주의적 국가자본주의를 모방할 따름이거든요. 물론 네루의 인도가 좀 더 철저하게 스탈린주의적 국가자본주의를 모방하지요. 그러나 소련은 물론이고 인도와 라틴아메리카의 국가자본주의도 모두 실패하고 말아요.

그래서 자유무역에 대한 비판을 통해서 자유무역협정에 대한 대안을 제시해야 한다는 것입니다. 마르크스주의적 관점에서 볼 때 자유무역의 장점은 선진국과 후진국이 모두 사용가치라는 측면에서 이익을 누릴 수 있다는 데 있어요. 반면 가치라는 측면에서는 자유무역의 결함이 발생하는데, 선진국은 이익을 보는 반면 후진국은 손실을 볼 수밖에 없거든요.

『마르크스의 '자본'』에서 설명한 것처럼, 자유무역의 결함은 후진국의 가치가 선진국으로 이전되는 부등가교환의 발생에 있습니다. 이렇게 부등가교환이 발생하는 것은 선진국과 후진국의 임금 격차와 생산력 격차 때문이지요. 선진국에 비해서 후진국에서는 임금이 낮고, 그래서 고정자본보다는 노동력을 더 많이 소비하므로 생산력이 낮을 수밖에 없거든요.

자유무역에 대한 이런 비판에서 도출할 수 있는 결론은 아주 분명합니다. 후진국이 사용가치상의 이익은 그대로 누리면서 가치상의 손실을 피하기 위해서는 임금을 인상하면 되거든요. 그래서 선진국과의 임금 격차가 점차 소멸하면, 후진국에서도 기술혁신이 발생할 것이고, 그 결과 생산력 격차도 점차 축소되겠지요.

『금융위기와 사회운동노조』에서 설명한 것처럼, 대안자유무역협정의 핵심은 노동3권의 초민족화라고 할 수 있습니다. 쉽게 말해서 미국 노동자와 남한 노동자간 임금 격차, 또는 남한 노동자와 중국 노동자간 임금 격차를 점차 축소하기 위해서는 각국의 노총이 협력하여 노동3권을 초민족화해야 한다는 것이지요. 민주노총이 사회운동노조로 개조될 때 대안자유무역협정도 중요한 정책이 될 수 있다는 것이 제 생각이에요.

— 노농동맹을 고려하면 자유무역협정반대가 옳지 않을까요?

— 한-미자유무역협정에서 쇠고기 수입을 특권화할 수는 없습니다. 게다가 노농동맹도 적절하지 않은데, 축산농가는 빈농이나 중

농이 아니라 부농, 심지어 기업농이거든요. 설사 노농동맹이 중요하다고 하더라도 미국 소는 미친 소라는 식으로 혹세무민해서는 결코 안 되지요. 미국에서 광우병으로 죽은 사람은 별로 없어요.

사실 조류독감이 광우병보다 훨씬 더 위험한 것입니다. 촛불집회가 한창이던 2008년 5-6월에는 조류독감이 전국적으로 발생하던 상황인데, 때아닌 광우병 소동이 벌어진 것이에요. 그러다가 올 겨울에 신종플루로 인해 독감이 얼마나 무서운지 깨닫게 된 것이지요. 조류독감은 전염률이 낮은 대신 치사율이 높은 반면 신종플루는 치사율이 낮은 대신 전염률이 높지요. 그래서 또 온갖 난리를 치다가 벌써 흐지부지 된 것이에요.

그러나 두 독감이 결합하여 신종플루처럼 전염률도 높고 조류독감처럼 치사율도 높은 새로운 독감이 출현할 수 있습니다. 1918-20년에 세계적으로 유행한 스페인독감처럼 말이에요. 스페인독감은 사실 미국에서 최초로 발병한 독감인데, 미국이 1차 세계전쟁에 참전하면서 유럽으로 전염된 것이지요. 그래서 세계적으로 2500-3000만 명이 사망하고, 조선에서도 수십 만 명이 사망해요.

민주노총이 노농동맹이나 광우병의 관점에서 자유무역협정에 반대한 것은 잘못입니다. 대신 노동3권의 초민족화라는 관점에서 자유무역협정에 대한 대안을 제시해야 옳았어요. 물론 민주노총이 그렇게 하지 못한 데는 이유가 있지요. 이미 설명한 것처럼, 산업별노조의 건설에 매진하다보니까 총연맹은 형해화되었거든요. 기업별노조는 물론이고 산업별노조가 감당할 수 없는 거시경제적 과제를 해결하기 위해서는 역시 총연맹을 강화하는 길밖에 없어요.

이번 금융위기에 대해서도 민주노총은 미시경제적 투쟁에만 매진합니다. 그래서 7대 은행의 파산이 아니라 쌍용자동차의 파산에만 주목한 것이에요. 그러다 보니까 70-80조원의 구제금융기금에 대해서는 무대책이 상책인 것처럼 대처할 수밖에 없는 것이지요. 게다가 쌍용자동차처럼 7대 은행도 이미 외국자본에게 장악되어 있거나 곧 그렇게 될 것이라는 사실에 대해서도 맹목적이고요.

여성운동·생태운동·이주노동자운동

— 페미니즘이나 생태주의를 표방하는 시민운동단체와 사회운동노조의 관계는 어떻게 설정할 수 있을까요?

— 사회운동노조의 관심이 노동자운동에만 국한되는 것은 아닙니다. 여성운동이나 생태운동도 노조가 참여할 수 있는 사회운동이거든요. 다만 여성운동·생태운동에 대한 시민운동단체의 관심과 노조의 관심에는 차이가 있을 수밖에 없는데, 시민운동단체는 부르주아적 관점에서 여성운동·생태운동에 참여하기 때문이지요. 교육운동·보건의료운동·평화운동도 마찬가지이지만, 질문하신 여성운동·생태운동에 국한하여 설명해보겠어요.

과천연구실이 창립된 지 벌써 15년이 지났는데, 노동자운동과 여성운동의 결합은 애초부터 가장 중요한 주제였습니다. 그래서 사회주의 페미니즘과 관련된 연구성과도 이미 여러 권 출판했지요. 제 이름이 좀 그런 탓도 있겠지만, 잘 모르시는 분은 과천연구실이 여성운동단체인 줄 아는 경우도 종종 있어요.

하여튼 민주노총만 봐도 여성운동과의 결합은 노동자운동의 사활적 문제라고 할 수 있습니다. 여성노동자에 대한 차별이든 성폭력이든 그런 문제가 노조의 와해를 초래할 수도 있거든요. 노조가 제대로 대응하지 못하는 사이에 시민운동단체가 개입한다면, 사태는 걷잡을 수 없게 진전되지요.

사회주의 페미니즘의 주체는 당연히 여성노동자입니다. 먼저 여성노동자는 여성 일반으로 환원되지 않는 노동자로서 여성을 의미하는데, 그래서 여성 내부의 계급적 모순을 무시하는 부르주아 페미니즘과 구별되는 것이지요. 전통적 노동자운동이 여성운동에 대해 반감을 갖는 것은 여성운동의 주류가 부르주아 페미니즘을 견지하기 때문이에요.

그러나 사회주의 페미니즘에서 여성노동자는 남성노동자로 환원되지 않는 여성으로서 노동자를 의미하기도 합니다. 달리 말해서 노동자 내부의 성적 차이를 무시하는 전통적 노동자운동에 대해서 비판을 제기한다는 것이에요. 사회운동노조의 또 다른 중요한 특징은 전통적 노동자운동의 성차에 대한 맹목을 비판하는 데 있어요.

남성노동자와 여성노동자의 성차는 여성의 성욕의 고유성에서 비롯되는 것입니다. 생물학적으로 볼 때 인간은 98%가 동물적인데, 그러나 남성의 성욕은 100%가 동물적이에요. 노조활동가 사이에서도 성폭력 같은 어이없는 사건이 발생하는 것은 여성의 성욕에 대한 남성의 무지 때문이지요. 그래서 성폭력 사건의 해결도 처벌만으로는 불가능한 것이에요.

물론 남성노동자와 여성노동자의 성차는 여성의 성욕의 고유성에 그치는 것이 아닙니다. 임금이나 노동조건의 차별이 있는데, 사실 비정규직은 대부분 여성노동자이거든요. 또 여성노동자가 전담하는 가사노동이나 육아 같은 문제도 추가되지요. 그런데 가사노동은 몰라도 육아를 분담하는 것은 한계가 있으므로, 노조가 이 문제에도 관심을 가질 필요가 있어요.

생태운동도 마찬가지입니다. 요즘 진보주의자들이 4대강 살리기는 오히려 4대강 죽이기라고 주장하면서 온통 나라가 시끄러운데, 세종시처럼 이명박 정부가 무능하다는 또 하나의 증거이지요. 반면 사회운동노조가 관심을 가져야 하는 생태 문제는 에너지와 식량 문제라고 할 수 있어요. 금융위기가 폭발하기 직전에 유가와 곡가가 급등했다가 경기침체가 심화되면서 다시 급락했지만, 유가와 곡가는 계속 상승할 수밖에 없거든요.

이미 설명한 것처럼, 20세기를 주도한 것은 자동차산업과 가전산업인데, 그 에너지의 원천이 바로 석유입니다. 그래서 20세기를 석유문명이라고 부르기도 하는 것이지요. 그런데 조만간 석유의 생산이 감소할 수밖에 없다는 것이 중론이에요. 반면 중국이나 인도의 산업화가 진전되면서 석유의 소비는 증가할 수밖에 없겠지요. 따라서 유가가 상승하는 것은 당연한 일이에요.

원자력으로 석유를 대체하는 데는 한계가 있습니다. 원자력으로 전기를 생산할 수는 있지만, 원자력을 동력으로 사용하는 자동차는 아직까지 없거든요. 게다가 핵발전소나 핵폐기장의 안전성에 대한 논란이 아직도 분분하고요. 그러나 마차를 타고 호롱불을 켤 수도 없는 노릇이지요. 그렇다면 대안은 결국 대중교통수단과 절전밖에 없다고 할 수 있어요.

2차 세계전쟁 이후 식량의 생산을 주도해온 녹색혁명이 한계에 도달하면서 이제는 식량 부족도 더 이상 간과할 수 없는 문제입니다. 이미 유전자조작식품(GMO)이 광범위하게 사용되고 있는데, 미국산 옥수수가 대표적이지요. 옥수수 전분이 안 들어가는 식품은 거의 없다고 하니까 거의 모든 식품이 유전자는 이미 조작된 셈이에요. 웃기는 일은 촛불집회에서 한창 광우병으로 소란을 피던 중에 유전자조작옥수수가 대량으로 수입되었다는 사실이지요.

2008년에 석유위기와 식량위기가 동시에 발생한 것은 우연이 아닙니다. 방금 원자력만으로는 석유를 대체할 수 없다고 했는데, 유가가 급등하니까 유전자조작옥수수로 에탄올과 메탄올을 생산하면서 곡가가 급등한 것이에요. 유전자조작옥수수의 안전성이라는 문제는 차치하고, 인간과 자동차가 유전자조작옥수수라는 '식량'을 놓고 서로 싸운 셈이지요.

여담이지만, 남한에서 보릿고개니 혼·분식 장려니 하던 것이 어제 같은데, 요즘은 음식물 쓰레기가 문제라고 합니다. 그러나 중국산 식품을 수입하지 않는다면, 식량위기는 언제라도 발생할 수 있어요. 과천연구실이 있는 동네는 아직도 김밥 한 줄에 1000원인데, 중국산 재료를 사용하지 않는다면 어림도 없는 일이겠지요.

그런데 중국산 식품은 대부분 불량이거나 아예 가짜라고 합니다. 가짜 계란도 있고 가짜 쇠고기도 있는데, 맛을 구별할 수 없을 정도라고 해요. 게다가 중국산 식품의 안전성에도 큰 문제가 있습니다. 생선을 양식하는 데 독극물을 사용한다고 하거든요. 유아용 분유에도 독극물을 섞는다면 더 이상 할 말이 없겠지요. '중이 고기 맛을 보면 절의 빈대가 남아나지 않는다'고 하더니, 개혁·개방으로 돈독이 단단히 오른 것 같아요.

사실 석유위기와 식량위기가 발생한 것은 이번이 처음이 아닙니다. 1970년대에도 이윤율이 급락하는 와중에 유가와 곡가가 급등한 적이 있어요. 1980년대 이후 금융세계화가 전개되면서 이윤율이 회복되고 또 유가와 곡가도 하락하다가 이번에 또다시 금융위기의 와중에 석유위기와 식량위기가 발생한 것이지요.

2000년대 이후 유가와 곡가가 상승하기 시작한 데는 이유가 있습니다. 먼저 1990년대 이후 대표적 석유메이저인 엑손-모빌은 이윤을 유전 개발에 투자하는 것이 아니라 오히려 자사주를 매입하는 데 사용하지요. 그 결과 현재 시가총액 1위를 차지하게 된 것이에요. 반면 1990년대 이후 유전자조작식품에 대한 농업메이저의 투자는 증가하는데, 그러나 효과는 대단치 않다고 해요. 생명공학기술의 발전에도 불구하고 녹색혁명을 대체하는 유전자혁명은 아직 요원하다는 것이에요.

— 이주노동자 문제에 대해서는 어떻게 생각하시는지요?

— 먼저 이주노동자 문제의 특수성을 인식해야 할 것입니다. 예를 들어 프랑스의 이주노동자 문제와 남한의 이주노동자 문제는 성격이 다르거든요. 레닌이 지적한 것처럼, 프랑스는 제국주의 중에서도 가장 반동적인 '고리대적 제국주의'였지요. 프랑스의 식민지였던 아프리카에는 아무런 산업적 기반이 없어요. 그래서 정치적으로 독립한 이후에도 프랑스로 이주할 수밖에 없는 것이지요.

이 점에서 프랑스 제국주의는 일본 제국주의와 전혀 다릅니다. 요즘도 역사학계에서는 일제 강점기의 산업화에 대한 논쟁이 제기되고 있지만, 산업화 자체를 부정할 도리는 없어요. 물론 일제에 의한 산업화는 중국 침략을 위한 병참기지의 건설을 위한 것이지만, 그 성격이 어떻든 간에 산업화인 것은 사실이지요. 대만의 역사학계에서 그런 논쟁은 이미 정리된 지 오래 전이에요.

그래서 일본에는 프랑스 같은 이주노동자 문제가 없는 것입니다. 물론 재일교포 문제가 있는데, 그것은 프랑스의 이주노동자 문제와 성격이 전혀 다른 것이지요. 재일교포는 강제로 징용당했다가 귀국하지 못한 경우이거든요. 생활기반이 그곳에 있으니까 그럴 수밖에 없는 것이에요. 반면 프랑스의 이주노동자는 독립 이후에도 식민지에서는 생활할 수 없으니까 프랑스로 이주한 경우이지요.

프랑스의 이주노동자 문제를 더욱 복잡하게 만드는 것은 종교 문제와 결합하기 때문입니다. 프랑스는 기독교 국가인데, 이주노동자의 종교는 이슬람이거든요. 그래서 이주노동자 문제와 기독교와 이슬람이라는 두 세계종교의 갈등이라는 문제가 결합되는 것이지요. 달리 말해서 프랑스의 이주노동자 문제는 국적 문제가 아닙니다. 이주노동자도 프랑스 국적을 갖고 있는데, 다만 종교가 기독교가 아니라 이슬람이라는 것이에요.

사실 종교전쟁 같은 난제도 없습니다. 종교간 갈등은 이미 이성의 영역이 아니기 때문이지요. 기독교와 이슬람은 사실 형제지간이라고도 할 수 있는데, 사생결단을 내려고 하는 것은 정말 알다가도 모를 일이에요. 하기야 기독교는 자신의 부모라고도 할 수 있는 유다교와도 불구대천의 원수지간이지요. 유럽연합이 해체되는 또 하나의 경로가 종교전쟁일지도 모른다는 것이 제 생각이에요.

어쨌든 남한의 이주노동자 문제는 프랑스의 이주노동자 문제와 성격이 전혀 다른 것입니다. 쉽게 말해서 동남아시아나 남아시아가 남한의 식민지였던 적은 없거든요. 게다가 종교가 아니라 오히려 국적이 문제이지요. 일정한 기준을 충족하는 이주노동자에게 영주권이라도 부여하면 불법이주자가 양산될 리 없어요. 다행스럽게도 남한에는 종교가 없지요. 물론 교회나 절은 아주 많지만, 진짜 신자는 별로 없거든요. 그저 복이나 비는 정도인데, 그 정도라면 점을 치거나 굿을 하는 샤머니즘과 대동소이하지요.

물론 남한에도 시민적 민족주의를 대체하는 종족적 민족주의라는 난제가 있습니다. 그래서 미국의 영주권자에게 투표권을 부여하는 몰상식한 작태가 벌어지는 것이지요. 그렇지 않아도 자본과 두뇌의 도피가 심각한 상황인데, 보수주의자는 내놓고 하고 진보주의자는 뒷구멍으로 한다는 우스갯소리도 있어요. 그런 상황에서 이중국적까지 허용한다면, 그 결과는 불을 보듯 뻔한 것이지요.

그런데 이런 문제를 기업별노조나 산업별노조가 제기할 수는 없습니다. 총연맹만이 제기할 수 있는 문제이거든요. 노령화와 저출산이라는 '인구론적 전환' 문제를 해결하기 위해서라도 이주노동자 문제를 해결할 수밖에 없고, 그렇게 하기 위해서는 민주노총을 사회운동노조로 개조할 수밖에 없다는 것이 제 생각이에요.

— 지구온난화 문제에 대해서는 어떻게 생각하시는지요?

— 광주는 따뜻해서 참 좋습니다. 새벽에 집에서 나오려니까 애엄마가 코트를 입고 가라고 하더군요. 그래서 광주는 영상일 텐데 무슨 코트까지 입느냐고 했어요. 와보니 역시 그러길 잘했다는 생각이 드는군요. 겨울에는 광주가 참 살기 좋을 것 같아요. 그러니까 지구온난화가 나쁜 것만은 아니라고 할 수도 있다는 말이에요.

금융위기가 발생하기 직전까지 지구온난화 문제를 연구하다가 잠시 중단했는데, 기왕 질문을 제기하셨으니까 간단하게 답변해보겠습니다. 방금 20세기는 석유문명이라고 했어요. 석유가 연소되면서 발생하는 이산화탄소 때문에 기온이 상승하지요. 이산화탄소가 대기에 축적되면서 마치 온실처럼 기온이 상승하는 것이 지구온난화이므로, 이산화탄소를 온실가스라고 부르는 것이에요.

온실가스로 인한 지구온난화를 설명하기 전에 먼저 기후의 역사를 설명할 필요가 있습니다. 기후의 역사도 몇 단계를 거쳐서 진화하는데, 인간의 역사가 원시공산주의, 노예제, 공납제, 자본주의, 공산주의를 거쳐서 진화하는 것과 마찬가지라고 할 수 있다는 것이

제 생각이에요.

46억년 전 최초의 지구는 불덩어리입니다. 그러나 맨틀에서 증발한 대기가 냉각되면서 대양과 지각이 형성되지요. 그것이 기후권(climasphere)의 형성이에요. 또 최초의 생명체인 박테리아가 출현하고 광합성작용이 점차 발효작용을 대체하지요. 그러면서 생명권(biosphere)이 출현하는 것이에요.

기후권이 형성되고 생명권이 출현하는 40-39억년 전의 기온은 현재보다 10도나 높았습니다. 그 후 기온이 하락하는 한랭화가 진행되면서 남극은 물론이고 북극에도 빙하가 형성되는 빙하시대(ice/glacial age)가 출현합니다. 고생대까지 4번의 빙하시대가 있었는데, 고생대 직전인 10-7억년 전에는 빙하가 적도까지 확대되는 '눈덩어리 지구'(snowball earth)가 출현하기도 히지요.

반면 기온이 일시적으로 회복되는 온난화가 진행되기도 합니다. 지구가 가장 온난한 시기는 가장 완전한 생명체인 파충류가 출현한 중생대이지요. 1억년 전의 기온은 현재보다 12도나 높았는데, 초대륙 판게아가 형성되면서 적도의 난류가 북극과 남극까지 순환하거든요. 그래서 기온이 급상승하여 이번에는 지구 전체에서 빙하가 소멸하는 것이에요.

그러나 신생대에는 또다시 한랭화가 진행됩니다. 맨틀과 지각의 운동으로 인해 판게아가 분리되어 현재의 대륙이 형성되면서 북극해와 남극대륙이 고립되거든요. 또 파나마 지협이 융기하면서 태평양과 대서양도 분리되지요. 그 결과 대양과 대기의 순환이 변화하여 현재의 기후권이 출현하고, 260만년 전부터 다섯 번째 빙하시대가 시작되어 현재까지 지속되는 것이에요.

이번 빙하시대의 기후변화를 설명하는 이론이 밀란코비치 순환입니다. 지구운동의 변화로 인해 일사량이 변화하면서 빙하가 확대되는 빙하기(glacial period)와 빙하가 축소되는 간빙기(interglacial period)가 교대로 출현한다는 것이지요. 그런데 원인은 분명치 않지만, 100만년 전을 전후로 해서 주기가 4만년에서 10만년으로 길어지면서 진폭도 커져요. 그래서 9-7만년의 빙하기는 점차 강화되고 1-3만년의 간빙기는 점차 약화되는 것이에요.

아까 설명한 경제위기와 이번 빙하시대의 기후변화를 비교해볼 수도 있겠습니다. 쉽게 말해서 구조적 위기에 해당하는 것이 기온이 장기적으로 하락하는 260만년에 걸친 빙하시대라고 할 수 있고, 순환적 위기에 해당하는 것이 기온이 단기적으로 하락하는 10만년 주기의 빙하기라고 할 수 있거든요.

인간의 역사는 이런 기후변화와 밀접한 관계를 갖습니다. 호모사피엔스는 빙하기인 15만년 전에 아프리카에서 출현하지요. 당시에 인간이 생존할 수 있는 곳은 아프리카밖에 없었는데, 간빙기인 10만년 전에 동아프리카에서 서아시아로 이주해요. 그러나 거의 동시에 빙하기가 다시 시작되는데, 2만년 전에는 기온이 현재보다 10도나 낮아서 해수면도 100미터나 낮았지요.

현재는 1만년 전에 시작된 간빙기입니다. 이번에는 이전의 간빙기와 달리 기온이 안정적인데, 가장 온난한 시기인 6000년 전의 기온은 현재보다 2-3도 높지요. 그래서 5000년 전에 관개농업이 시작되면서 노예제 도시국가가 출현하는 것이에요. 또 기온이 현재보다 0.5도 높은 2000년 전에는 동아시아의 한나라와 지중해의 로마 같은 공납제 세계제국이 출현하지요. 한나라와 로마의 멸망은 한랭화와도 관련되는데, 기온의 하락으로 농업생산성이 하락하거든요.

그 후에도 두 차례 온난화가 진행됩니다. 첫 번째는 1000년 전인데, 동아시아에서 송나라가 출현하고 또 유럽에서도 신성로마제국이 출현하지요. 당시의 기온은 현재와 거의 같아요. 그러나 곧 한랭화가 진행되면서 17세기에는 농업위기가 발생하지요. 두 번째 온난화는 1930-40년대와 1980-90년대에 진행되는데, 전자의 원인은 불분명한 반면 온실가스가 후자의 원인이에요.

온실가스의 축적으로 온난화가 계속 진행된다면, 2100년의 기온은 2-3도 상승하여 6000년 전과 같아질 것으로 예측됩니다. 그 결과 간빙기는 2만년 더 지속될 것으로 예측되지요. 달리 말해서 현재의 온난화도 260만년 동안 지속된 다섯 번째 빙하시대와 밀란코비치 순환의 예외일 수는 없다는 것이에요.

물론 엘 고어의 『불편한 진실』처럼 온난화가 예측보다 훨씬 더 빨리 진행된다는 주장도 있습니다. 2100년의 기온이 6도나 상승하고 간빙기는 5만년 더 지속된다는 것인데, 그럴 경우 밀란코비치 순환이 소멸되면서 다섯 번째 빙하시대가 끝날 수도 있으므로 과장이 너무 심하다는 것이 제 생각이에요.

어쨌든 지구온난화를 예방하기 위해 1997년에 채택된 교토의정서는 2012년에 만료되는데, 그나마 별로 효과가 없다는 것이 중론입니다. 2100년의 기온을 0.2도 하락시키는 데 불과하거든요. 또 교토의정서가 채택한 탄소배출권은 '자연의 증권화'를 통해서 동아시아로부터 유럽으로 수출달러를 환류시키는 새로운 수단이라고 할 수 있어요.

게다가 지구온난화의 위험보다 더욱 중요한 위험이 많다는 사실도 잊어서는 안 됩니다. 예를 들어 기아와 질병의 위험은 사망률을 기준으로 평가할 때 세계전쟁의 위험과 거의 비슷하지요. 지구온난화의 위험에 대한 평가는 아직 없는데, 그 정도는 아닐 것 같아요. 반면 비용-편익분석의 관점에서 보면, 지구온난화보다 기아와 질병의 예방에 집중하는 것이 오히려 더 유리하다고 할 수 있어요.

연구자와 활동가의 관계

— 전위정당이 아니라 사회운동노조를 지향하는 활동가의 조직은 무엇일까요?

— 아주 중요한 질문입니다. 1980년대 피디의 결함에 대해서 제가 책임져야 할 부분이 있다는 사실은 부정하고 싶지 않아요. 그러나 당시에도 활동가조직에 직접 개입한 적은 거의 없어요. 게다가 피디가 소멸하는 과정에서 여러 가지 복잡한 문제가 발생하지요.

연구자끼리도 그렇지만, 활동가끼리도 마찬가지인데, 그래서 어떤 사람은 사회진보연대나 민중행동으로 간 것이고 다른 사람은 민주노동당을 거쳐서 진보신당으로 간 것이에요.

포스트피디적 활동가조직은 무정형입니다. 1980년대처럼 신식민지국가독점자본주의와 반제반독점민족해방민중민주주의라는 하나의 강령과 노동계급이라는 하나의 조직을 갖는 정파를 조직할 수는 없고 그래서도 안 되거든요. 대신 마르크스주의라는 하나의 이념을 공유하면서 여러 방식으로 교류할 수 있으면 되는데, 이런 의미에서는 포스트피디도 여전히 하나의 정파라고 할 수 있겠지요.

한 가지만 더 지적하자면, 피디의 최대의 약점은 대중적 토대가 없었다는 데 있습니다. 노조가 아니라 전위정당에만 관심을 가졌기 때문이지요. 포스트피디적 활동가는 그 반대로 전위정당이 아니라 노조에 관심을 가져야만 합니다. 민주노총이든 아니면 산업별·기업별·지역별노조이든 별로 상관은 없어요. 그러면서 사회진보연대나 민중행동을 통해서 교류하면 되거든요.

— 그런데 연구자와 활동가를 너무 인위적으로 분리하시는 것은 아닐까요?

— 과거의 피디나 현재의 사이비 피디는 연구자가 곧 활동가이고 활동가가 곧 연구자라고 주장하는데, 마르크스주의의 역사에서 그런 사람을 지도자라고 부릅니다. 예를 들어 레닌 같은 개인이 이론적 지도와 실천적 지도를 결합할 수 있다는 것이에요. 물론 지도자가 개인이 아니라 집단일 수도 있는데, 그런 것이 바로 소수의 연구자와 활동가가 결합하는 전위정당이지요.

개인이든 집단이든 일체의 지도자를 부정하기 위해서는 연구자와 활동가를 분리할 수밖에 없습니다. 마르크스의 말처럼, 역사를 만드는 것은 결국 대중이거든요. 나아가 연구자와 활동가는 서로 다른 종류의 지식인이라는 사실을 잊어서는 안 되지요. 연구자가 활동가인 척하고 활동가가 연구자인 척하지 말라는 것이에요. 레닌의 비극이든 피디의 비극이든 모두 연구자와 활동가를 혼동하는 데서 비롯되거든요.

물론 연구자와 활동가의 분리가 둘 사이에 아무런 교류도 없다는 것을 의미하지는 않습니다. 과천연구실은 사회진보연대나 민중행동과 교류하는 것을 마다한 적이 없어요. 다만 과천연구실이 사회진보연대나 민중행동과 하나의 조직으로 결합할 필요는 없다는 것이에요. 그렇게 한다면 또다시 전위정당을 지향하게 되고, 노동자운동의 지도를 둘러싸고 사이비 피디를 비롯한 다른 정파와 경쟁할 수밖에 없거든요.

과천연구실은 마르크스주의의 역사에서 말하는 의견집단(opinion group)입니다. 달리 말해서 마르크스주의와 국제노동자운동을 연구하고 그 결과를 공감출판사를 통해 출판하는 연구자조직이라는 것이지요. 사이비 피디가 오해하는 것처럼, 사회진보연대나 민중행동이 일반화된 마르크스주의나 사회운동노조를 수용하는지 여부가 과천연구실의 일차적 관심은 아니에요.

— 2010년대의 2차 대불황에 대비하여 활동가는 기본으로 돌아가야 한다고 하셨는데, 마르크스의 『자본』을 읽으라는 말씀인지요?

— 이번 금융위기를 계기로 해서 세계적으로 마르크스의 『자본』이 다시 유행하고 있다고 합니다. 물론 저도 『마르크스의 '자본'』을 출판했지만, 그러나 활동가가 이 책까지 읽을 필요는 없다고 생각해요. 사실 마르크스주의의 역사에서 『자본』을 읽은 활동가는 거의 없어요. 어떤 사람은 원숭이도 『자본』을 읽을 수 있다고 하는데, 그런 헛소리는 처음 들어봐요. 어쨌든 『자본』을 읽지 않을 것이라면, 『마르크스의 '자본'』도 읽을 필요는 없다는 것이에요.

오늘 『자본』을 읽는다면, 이번 금융위기의 원인은 무엇이고 또 그 전망과 대안은 무엇인지를 알기 위해서일 것입니다. 그러나 활동가에게 그것이 쉬운 일일 수는 없어요. 『자본』처럼 어려운 책이 없는 데다가 『자본』만으로 이번 금융위기를 설명할 수도 없거든요. 이 때문에 『마르크스의 '자본'』에 이어서 『2007-09년 금융위기』를 출판한 것이에요.

그래서 연구자와 활동가의 교류가 필요한 것이고 또 이런 강의와 토론도 필요한 것입니다. 사회진보연대나 민중행동과 과천연구실은 마르크스주의라는 이념, 쉽게 말해서 하늘을 날고 싶다는 같은 꿈을 갖고 있어요. 그래서 제가 사회운동노조가 비행기를 만들 수 있는 원리라고 주장하는 것인데, 실제로 그런 원리에 따라 비행기를 만들 수 있을지는 물론 여러분에게 달려 있는 문제이지요.

그렇다고 해서 저는 두 손을 놓고 여러분이 비행기를 만들 날만 기다리고 있겠다는 말은 결코 아닙니다. 방금 설명한 것처럼, 제 의견을 여러분에게 강권하고 싶지 않다는 뜻일 따름이거든요. 저도 한 사람의 마르크스주의자로서 할 일은 하겠어요. 여러분이 비행기를 만드는 일을 옆에서 돕겠다는 말이에요.

2007-09년 금융위기 논쟁 비판

윤종희·박상현

서론

2007-09년 금융위기는 경제위기의 원인을 설명하는 다양한 이론의 현실적 타당성을 검증하는 계기가 된다. 국내 좌파진영에서도 다양한 의견이 제시되는데, 여기서는 위기의 원인, 정책대응과 향후전망, 대안이라는 세 가지 주제를 둘러싼 논쟁을 비판적으로 검토할 것이다.[1)]

원인에 관한 논쟁은 위기의 구조적 원인과 정세적 원인, 그리고 양자를 매개하는 금융세계화라는 쟁점을 제기한다. 구조적 원인에 관한 분석과 관련해서는 마르크스주의 내부의 전통적 논쟁, 즉 과소소비설과 이윤율 하락설의 논쟁을 비판적으로 검토한다. 반면 정세적 원인으로서 금융혁신과 '신용의 증권화', 나아가 구조적 원인과 정세적 원인을 매개하는 금융세계화와 관련해서는 주로 케인즈주의적 분석을 비판적으로 검토한다.

1) 또 여기서는 좌파를 넓은 의미로 사용하여 중도좌파적 진보주의와 급진좌파적 마르크스주의로 구분한다. 또한 진보주의는 케인즈주의와 비교자본주의론, 마르크스주의는 국유화를 추구하는 구좌파(스탈린주의나 트로츠키주의)와 기본소득을 추구하는 신좌파로 세분한다.

정책대응에 관한 논쟁에서는 금융위기를 진정시킨 미국 재무부와 연방준비제도이사회(FRB, 연준)의 정책대응에 대한 평가가 주요 쟁점을 형성한다. 이는 구제금융과 수량완화정책이 어떻게 금융위기를 진정시키는 동시에 '2차 대불황'을 예고하는가라는 문제로 구체화된다. 정책대응에 대한 평가는 원인에 대한 분석과 더불어 향후전망을 도출하는 논거가 된다.

좌파적 대안을 둘러싼 논쟁은 이념적 측면과 정세적 측면으로 구분된다. 케인즈주의, 비교자본주의론, 국유화론, 기본소득론이라는 이념적 대안은 위기의 원인과 전망에 대한 인식에 기초해서 그 해결을 위한 원칙적 전망을 제시한다. 또 이념적 대안은 현실적 조건을 고려해서 다양한 정세적 대안으로 구체화된다. 정세적 대안에서는 특히 케인즈주의적 대안이 중요한 쟁점을 제기한다.

2007-09년 금융위기의 원인, 정책대응과 향후전망, 좌파적 대안이라는 주제는 긴밀하게 연결된다. 여기서는 주제별로 주요 논자의 핵심적 주장을 요약하면서 마르크스주의적 관점에서 비판을 시도할 것이다. 개별 논자의 주장은 별도로 첨부된 문헌해제를 참조할 수 있을 것이다.

금융위기의 원인

2007-09년 금융위기는 다양한 원인이 작용한 결과다. 1960년대 중반 이후 자본생산성 하락에 따른 이윤율 하락이 구조적 원인인 반면 2000년대 주택시장거품의 붕괴가 정세적 원인인 것이다. 이 두 원인은 1990년대 이후 본격화된 금융세계화에 의해 매개된다.

과소소비와 이윤율 하락

이번 금융위기는 서브프라임 모기지론(비우량 주택담보대출)의 부실화에 의해 촉발되지만, 그 이면에는 미국 자본주의의 구조적 모순이 존재한다. 이런 문제의식에서 몇몇 논자는 금융위기보다 실물경제위기를 강조하면서 위기의 구조적 성격을 인식해야 한다고 주장한다. 급진좌파가 공유하는 구조적 위기론은 위기의 원인이 과소소비인지 아니면 이윤율 하락인지에 따라 상이한 경향으로 구분될 수 있다.

과소소비론은 생산의 무제한성과 소비의 제한성을 자본주의의 구조적 모순으로 규정한다.[2] 모든 부문에서 발생하는 전반적 과소소비는 자본주의 내부에서 해결될 수 없다는 것이다. 이 때문에 자본주의의 생존을 위해서는 지속적으로 상품을 구매할 수 있는 식민지 같은 비자본주의적 출구가 필요하다.

이런 맥락에서 오세철(2009)은 1차 세계전쟁을 전후로 자본주의적 생산관계가 세계를 통합하면서 과소소비가 만성화되었고 그 결과 대불황과 2차 세계전쟁이 발발했다고 주장한다. 그의 주장에 따르면, 전후 재건의 짧은 시기를 제외하고 자본주의는 부채의 확대를 통해서만 생존할 수 있었다. 따라서 이번 위기는 지난 40년 동안 부채경제를 통해 생존해온 자본주의가 2000년대에 총체적 위기와 파국에 직면했다는 것을 보여주는 사례라는 것이다.

또 채만수(2008a)는 자본주의에서 '과학기술혁명' 같은 생산력 발전이 실업과 빈곤을 통해 과소소비를 야기한다고 주장한다. 1980년대 이후 신자유주의의 지배와 소련의 붕괴를 배경으로 노동에 대한 자본의 공세가 강화되면서 '소비의 만성적 부족'이 심화되기도 한다. 따라서 이번 위기의 직접적 원인은 금융위기가 아니라 실물경제위기, 즉 주택, 자동차, 철강, 반도체산업에서의 만성적 과소소비다. 이번 같은 대규모 위기는 '자본주의적 생산관계 속에서 발전한 생산력으로서 과학기술혁명이 더 이상 자본주의체제와 양립

---

2) 많은 논자들은 과잉생산과 과소소비를 동일한 의미로 사용한다. 그러나 상품의 과잉생산과 자본의 과잉생산을 구별하는 마르크스에게서 전자는 과소소비를 의미하며 후자는 과잉축적을 의미한다.

할 수 없는 상황'에 도달했음을 보여준다. 이런 맥락에서 그는 금융위기에 대한 분석은 의미가 없다고 주장한다. 위기의 금융적 요인을 강조하는 것은 위기의 심각성을 무시한 채 금융규제를 통해 위기를 해결할 수 있다는 케인즈주의로 귀결될 뿐이라는 것이다.

과소소비론은 자본주의의 구조적 모순을 생산 그 자체의 모순이 아니라 생산과 소비의 모순으로 간주한다. 이 때문에 위기는 실현위기로 환원된다. 그러나 전반적 과소소비가 항상적으로 존재한다면, 1950-60년대 미국 자본주의의 성장기는 어떻게 설명할 수 있을지 의문이다. 또 이런 논의에서는 실물경제적 원인에 대한 분석과 금융적 원인에 대한 분석을 각각 마르크스주의와 케인즈주의로 대립시키는 경향이 있다. 그 결과 금융에 관한 마르크스주의적 분석의 발전을 방해함으로써 오히려 좌파가 금융에 대한 케인즈주의적 관점을 무비판적으로 수용하게 만든다. 그러나 이번 위기의 전개과정에서 경기침체가 금융위기와 결합되어 2차 대불황에 근접했음을 고려할 때, 금융위기가 실물경제에 영향을 미치는 방식에 관한 마르크스주의적 분석이 절실하게 요구된다.

반면 김성구(2008; 2010)는 오세철이나 채만수와 달리 과소소비를 구조적 위기가 아니라 순환적 위기의 원인으로 규정한다. 이 경우 과소소비는 주기적으로 발생하는 부문간 불비례의 산물로서 부분적 성격을 띤다.[3] 따라서 이번 위기는 주택부문의 과잉생산에 따른 순환적 위기에 불과하다는 것이다. 다만 금융시장이 주도하는 '위기의 축적체제'로서 신자유주의에 고유한 '위기 메커니즘'으로 인해 실물경제위기와 금융위기가 중층적으로 결합될 따름이다.[4] 그럼에도 불구하고 그는 이번 위기가 본질적으로 순환적 위

3) 그러나 마르크스에게서 과소소비는 부문간 불비례와 무관한 전반적 과소소비를 의미한다.

4) 처음에 그는 이번 위기가 주기적 과잉생산에서 비롯된 단순한 순환적 위기라고 주장하다가(김성구, 2008), 위기가 심화된 이후에는 순환적 위기와 신자유주의에 고유한 위기 메커니즘이 결합된 중층적 위기라고 주장한다(김성구, 2010).

기이기 때문에 신자유주의의 종말이나 2차 대불황을 예상할 수는 없고 결국 새로운 경기순환이 시작될 것이라고 전망한다. 또 이런 관점에서 이윤율 하락의 장기적 추세를 근거로 이번 위기를 구조적 위기로 규정하려는 모든 시도는 '기계적 붕괴론'일 따름이라고 비판한다.5)

만약 이번 위기가 순환적 위기라면 금융위기는 신용위기로 종결되었을 것이다. 그러나 신용위기는 결국 증권회사의 파산으로 발전한다. 게다가 겸업은행의 자산을 장부가치가 아니라 시장가치에 따라 평가할 경우 사실상 거의 모두가 파산한 것으로 간주될 수 있다. 이것만 보다라도 이번 위기는 단순한 순환적 위기가 아니다.

또 김성구는 신자유주의에 구조적 위기 메커니즘이 존재한다고 지적하면서도 이번 위기가 순환적 위기에 불과하다고 주장하는데, 이러한 주장은 아주 혼란스럽다. 그는 1980년대 중반을 거치면서 케인즈주의적 국가독점자본주의가 신자유주의적 국가독점자본주의로 이행했다고 주장하면서도 신자유주의를 '위기의 축적체제'로 규정한다. 그러나 '위기의 축적체제'로서 신자유주의라는 규정은 '위기의 해소와 새로운 성장'이라는 국가독점자본주의 단계라는 규정과 모순된다.

게다가 그는 신자유주의를 위기의 축적체제로 규정하면서도 위기의 객관적 토대로서 미국 자본주의의 이윤율 하락을 분석하지 못한다. 또 이 때문에 위기의 구조적 원인과 정세적 원인을 결합하지도 못한다. 사실 순환적 위기는 불비례뿐만 아니라 과소소비나 임금-이윤압박 같은 다양한 요인에 의해서도 발생할 수 있다. 그러나 그런 순환적 위기는 이윤율이 추세적으로 상승하는 성장기와 추세적으로 하락하는 불황기에 서로 다른 효과를 갖는다. 즉 성장기에는 순환적 위기가 더 완만한 양상으로 전개되는 반면 불황기에는 더 큰 충격을 야기하는 것이다. 또 신자유주의와 '금융

5) 김성구(2008)는 이윤율 하락이 구조적 위기의 원인이라고 인정하면서도 그것으로부터 이번 위기를 직접 도출할 수는 없다고 주장한다.

시장의 지배'를 특징짓는 금융세계화도 이윤율 하락이라는 구조적 원인에 의해서만 설명될 수 있다.

과소소비나 불비례에서 경제위기의 원인을 찾는 입장과 달리 정성진(2008)은 이윤율 하락을 구조적 위기의 원인으로 지목한다. 그런데 이윤율의 운동에 대한 그의 설명은 아주 절충적이다. 그는 1970년대 이후 미국 자본주의의 이윤율 하락을 브레너의 논의에 따라 '제조업의 과잉설비로 인한 수익성 감소'로 설명한다.[6] 그리고 1980년대 이후 이윤율의 일시적 상승은 사회적 축적구조론의 임금-이윤압박설과 키드론의 영구군비경제론을 절충하여 임금분배율의 악화와 군비지출로 설명한다. 나아가 그는 슘페터적 의미의 기술혁신을 중심으로 이윤율의 장기파동을 설명하는 만델의 논의를 수용하여 1970년대 이후를 장기파동의 하락국면으로 규정하기도 한다.[7] 그는 이처럼 상충되는 이론을 절충하여 이윤율 하락을 설명하면서도 이번 금융위기가 신자유주의에서 비롯된 것이 아니라 애초의 장기불황에서 기인한다고 주장한다. 이러한 관점에서 그는 신자유주의를 국가독점자본주의의 변종으로 규정하는 김성구의 입장을 '위기종식론'이라고 비판한다.

김성구가 이번 위기의 순환적 성격을 강조하면서 구조적 원인을 무시한다면, 정성진은 장기불황이라는 구조적 성격을 강조하면서 정세적 원인을 무시한다. 그러나 마르크스주의적 분석은 구조적 원인뿐만 아니라 정세적 원인도 고려하면서 위기의 구체적 양상을 분석할 수 있어야 한다. 이윤율의 운동에 대한 마르크스주의적 분석은 단순히 위기의 구조적 성격을 설명할 뿐만 아니라 정

6) 그런데 브레너는 마르크스가 아니라 스미스를 따라 시장에서 퇴출되지 않은 자본의 과잉설비 때문에 평균이윤율이 하락한다고 주장한다.

7) 만델은 이윤율의 운동을 50년 주기의 콘드라티에프 장기파동으로 설명하는데, 이는 이론적 근거가 취약할 뿐만 아니라 현실에도 부합하지 않는다. 20세기 미국 자본주의에서 이윤율의 운동은 두 번 연속되는 콘드라티에프 장기파동이 아니라 1965년을 정점으로 하는 종모양(bell-type)의 곡선으로 모형화될 수 있다.

세적 원인을 설명하는 토대가 된다. 금융혁신에 기초한 금융세계화는 마르크스적 의미의 기술혁신의 한계로 인한 이윤율의 하락에 대한 반작용으로 전개되기 때문이다. 금융세계화의 확대·심화 과정을 분석할 때만 이번 위기의 정세적 원인이 왜 신용의 증권화라는 형태를 띠는지 이해할 수 있다.

장시복(2008a, 2009a)은 미국 자본주의의 이윤율에 대한 실증적 분석과 주기적 과잉생산론에 기초한 순환적 위기론을 절충한다. 그는 1960년대 이후 이윤율이 하락하는 추세를 보인다는 점에서 구조적 위기가 지속되고 있다고 주장하지만, 이윤율 하락에 대한 이론적 설명을 제시하지는 않는다. 동시에 그는 자본주의에서 위기가 주기적으로 발생한다고 주장하면서 생산과 소비의 모순을 강조한다. 그는 특히 이번 위기를 1990년대 신경제의 내재적 모순의 결과로 설명하는데, 정보통신부문의 과잉투자를 배경으로 한 투자거품과 과잉소비, 그리고 경상적자와 자본흑자를 위기의 원인으로 규정한다. 그러나 이것은 자산가격의 상승에 따른 부의 효과(wealth effect)로 호황을 설명하는 케인즈주의를 원용한 것으로서 이윤율 하락에 기초한 구조적 위기론과 통합되지 못한다.

이 때문에 1980년대 이후 이윤율의 상승이 갖는 근본적 한계, 즉 이윤율의 정점인 1997년의 이윤율이 1970년대 위기 직전의 이윤율을 상회하지 못한다는 한계를 인식할 수 없는 것이다. 마르크스주의적 관점에서 볼 때, 이윤율의 상승이 제한적일 수밖에 없는 것은 기술혁신이 아니라 금융혁신에 의존하기 때문이다.

1970년대 이후 미국경제의 이윤율이 하락하는 추세는 '정형화된 사실'(stylized facts)이며, 문제는 그 원인을 설명하는 것이다. 그런데 이윤율 하락을 구조적 위기의 원인으로 간주하는 대다수 논의는 여러 이론을 절충하거나(정성진, 2008), 또는 분명한 이론적 설명을 제시하지 않는다(장시복, 2008a). 마르크스주의적 관점에서 볼 때, 이윤율 하락은 자본주의적 생산에 내재한 편향적 기술진보, 즉 자본소비적·노동절약적 기술진보와 그에 따른 자본생산성 하락을 표현한다.

이윤율의 운동에 주목하는 급진좌파는 이윤율 하락에 대한 이론적 모형 대신 통계적 묘사를 제시할 따름이다. 그러나 이론적 모형이 결여된 통계적 묘사는 이윤율의 운동에 영향을 미치는 다양한 원인들 중 어떤 것이 구조적 원인인지 판별할 수 없고 또 이윤율 하락의 구조적 추세와 반작용 요인을 구별할 수도 없다. 이런 한계로 인해 1980년대 이후 이윤율의 상대적 상승에 대한 설명은 아주 혼란스럽다. 영구군비경제(정성진, 2008)나 실질임금 하락(장시복, 2008a) 같은 상황논리가 분석을 대체하기 때문이다.

그러나 군수품 같은 사치재에 대한 지출이 자본생산성의 하락을 저지하고 이윤율을 상승시킨다는 주장은 이론적 근거가 없다. 경험적으로도 군비지출이 증가한 '2차 냉전'의 1980년대보다 그것이 종결된 1990년대에 이윤율이 더 높다. 또한 1980년대와 달리 1990년대에는 미국에서 실질임금이 완만하게 상승했다는 점을 고려할 때, 이윤율의 상승이 임금하락에서 기인했다는 주장도 현실에 부합하지 않는다. 이런 이론적·실증적 문제를 해결하기 위해서는 이윤율의 반등을 금융세계화의 효과로 이해할 필요가 있다.

금융세계화와 달러본위제

20세기 미국경제도 이윤율 하락의 법칙으로부터 결코 자유롭지 않다. 그러나 이윤율 하락에 따른 구조적 위기가 곧바로 서브프라임 위기를 촉발하는 것은 아니다. 금융세계화에 따른 경제구조의 변화가 양자를 매개하기 때문이다. 금융의 팽창은 석유달러와 수출달러의 환류에 의해 유지된다. 게다가 1980년대 이후 미국경제에서는 금융의 비중이 증가함에 따라 기업의 금융화도 전개된다. 일부 구좌파를 제외한 논자들은 이러한 경제구조의 변화가 이번 금융위기의 배경이 된다는 점을 강조한다. 그러나 그런 변화를 해석하면서 다양한 이론적 차이가 드러난다.

먼저 진보주의자들(이종권, 2008; 장상환, 2008; 김호기, 2009; 이덕재, 2009)은 대체로 금융화를 금융투기에 의한 거품경제의 형성과 동일시한다. 금융에 대한 규제·감독이 완화된 결과, 금융의 투기적 본성이 분출하여 거품경제와 금융위기가 발생했다는 것이다. 일례로 장상환(2008)은 1999년에 글래스-스티걸은행법이 폐지된 이후 비예금금융기관이 레버리지비율(자산/자본)을 과도하게 높여 모험적 투자를 감행했다고 주장한다.

그런데 금융화를 거품화와 동일시하면, 금융화의 경제적 메커니즘을 제대로 분석하지 못하고, 따라서 금융위기에 대한 과학적 비판을 도덕적 비판으로 환원할 수 있다. 이 때문에 전창환(2009a)과 조복현(2006, 2009)은 금융화를 금융과 산업의 관계 변화라는 측면에서 좀 더 구체적으로 분석한다. 규제받지 않은 금융의 불안정성만 강조하는 다른 진보주의자들과 달리, 이들은 금융화가 금융에 의한 실물경제의 지배를 의미한다고 주장한다.

먼저 전창환은 실물경제의 성장과 발전을 촉진하던 금융이 이제 '그 자체가 성장산업'이 되었다고 주장하면서 이를 '경제의 금융화'라고 부른다. 이는 '금융의 자립화'와 '금융에 의한 실물경제의 지배'를 의미한다.[8] 금융은 '생산 및 실물경제로부터 독립하여 그 자체가 목적'이 되고, 심지어 어떤 경우는 '실물경제에 대한 지배자로 등장'했다는 것이다. 그에 따르면, '이윤이 상품의 생산이 아니라 금융적 경로를 통해 창출'되기 때문에 실물자산에 비해 금융자산의 축적이 급속도로 진행된다. 또 '일반기업의 활동에서도 생산이나 유통 같은 본업보다 자금의 조달·운용 같은 재무활동이 중요'해진다. 따라서 '가계·기업·정부, 나아가 세계경제의 활동이 금융시장, 특히 증권시장의 움직임에 큰 영향을 받게 되었다'.

---

8) 그런데 금융의 자립화라는 규정은 부적절하다. 금융은 산업과 상이한 기원과 궤도를 따라 발전해왔을 뿐만 아니라 항상 산업으로부터 자율성을 유지해왔기 때문이다. 핵심은 금융이 자립했다는 것이 아니라 금융과 산업의 관계가 변화했다는 것이다. 즉 성장기에는 금융이 산업의 발전에 봉사한 반면 불황기에는 산업을 지배하게 된 것이다.

또 조복현은 자본시장의 발전이 산업에 대한 금융의 우위를 가능케 했다고 주장한다. 1980년대 이후 '신자유주의적 경제질서를 구축'하기 위해 금융자유화와 금융혁신이 전개되는데, 특히 증권시장의 규제가 완화됨에 따라 '금융의 중심이 은행에서 자본시장으로 이동한다'는 것이다. 이를 계기로 산업자본과 노동에 대한 금융자본의 지배가 형성·강화된다. 자본시장의 발전은 광범위한 인수·합병을 가능케 하고 스톡옵션을 발전시킴으로써 경영자의 행동이 주주의 이익에 따르도록 유도한다. 이에 따라 산업자본이 단기수익의 극대화를 통한 기업가치의 상승을 일차적 목표로 설정하게 되고, 그 결과 실물투자의 비중은 낮아진다.

그런데 정하용(2009)은 정치의 관점에서 기업지배구조의 변화를 통해 금융화를 설명한다. 그는 금융화를 정부의 탈규제정책의 산물로 간주하는 입장을 비판한다. 그리고 이를 기업 내부에서 경영자에 대해 소유자의 지배력이 강화된 결과로 인식한다. 나아가 이러한 권력구조의 변화는 주주행동주의의 발전과 기관투자가의 성장에 힘입어 기업의 지배구조가 '민주화'된 결과라고 주장한다. 특히 기관투자가가 지배력을 행사하는 은행과 증권회사에서 증권화 같은 금융혁신을 주도했기 때문에 이번 같은 금융위기가 발생했고, 따라서 금융규제만으로는 금융화의 위험을 해결할 수 없으며 기업의 이윤추구 방식이 변화해야 한다고 주장한다. 이러한 설명은 기업 내부에서 발생한 미시적 변화를 경제구조 전체의 거시적 변화의 원인으로 간주한다는 점에서 결함이 있다.

진보주의자들은 금융화에 대한 인식의 차이에도 불구하고 금융화가 1980년대의 '신보수주의적 반혁명' 같은 정치적 변화에서 비롯된 것으로 인식한다. 즉 레이건과 새처로 대표되는 보수적 정치세력이 케인즈주의를 폐기함에 따라 금융화가 발전했다는 것이다. 이들은 케인즈주의와 신자유주의를 경제적 조건과 무관하게 선택할 수 있는 정치이데올로기로 간주하기 때문에 정치적 세력관계를 역전시킴으로써 금융을 다시 규제해야 한다고 주장한다(김호기,

2009: 이정우, 2009; 장상환; 2008).

그러나 이들의 주장과 달리, 정책노선의 변화는 단순히 정치적 보수화에서 기인한 것이 아니다. 미국, 영국, 프랑스에서 케인즈주의는 진보적 정부에 의해 폐기되었고, 또 1980년대 후반부터 미국의 경제정책에서 민주·공화양당의 합의('워싱턴 컨센서스')가 형성된다는 사실에 주목해야 한다. 그래서 정치권력의 변화에도 불구하고 경제정책에서 커다란 방향전환이 나타나지 않는 것이다.

그리고 이들은 케인즈주의와 '국가주의', 신자유주의와 '시장주의'를 부당하게 동일시한다. 그러나 케인즈주의는 경제정책을 강조한다는 점에서 자유방임주의와 구별되지만, 자유기업(free enterprise)을 주장한다는 점에서는 코퍼러티즘과 구별된다. 또 케인즈주의에 대한 비판으로 등장한 신자유주의는 이데올로기적으로 시장을 강조하지만, 현실적으로는 경제정책을 폐기하지 않는다. 그럼에도 불구하고 이들은 케인즈주의 이후의 정책노선을 모두 시장만능주의로 간주함으로써 신보수주의와 신자유주의를 구별하지 못하고, 따라서 신자유주의에서 이루어진 정책개혁의 구체적 형태와 그것의 내재적 모순을 분석하지 못한다.

이러한 혼란은 1980년대 초반의 통화주의적 탈인플레이션정책과 고금리정책을 신자유주의의 전형적 정책으로 간주하는 것에서 그대로 드러난다. 물론 신보수주의와 신자유주의는 모두 케인즈주의적 재정정책을 상대화하고 통화정책을 강조한다. 그러나 통화주의에 기초한 신보수주의적 통화정책은 통화량을 중간목표, 물가안정을 최종목표로 설정한다. 이와 대조적으로 1980년대 중반부터 본격화된 신자유주의적 통화정책은 새케인즈주의에 기초한 것인데, 이자율을 중간목표, 물가안정과 고용안정을 이중의 최종목표로 설정한다. 나아가 신자유주의는 신보수주의와 달리 이자율을 인하함으로써 증권시장 중심의 금융화를 정책적으로 뒷받침한다.

신자유주의적 정책개혁에서는 단순히 금융시장에 대한 규제·감독의 완화가 아니라 은행과 증권회사의 결합, 즉 겸업화와 인수·

합병이 정책기조를 형성한다. 이를 상징하는 것이 1999년에 제정된 금융서비스현대화법이다. 이 법은 뉴딜적 금융억압을 상징하던 글래스-스티걸은행법을 대체함으로써 1980년대 이후에 진행된 사실적 겸업화를 법률적 겸업화로 공식화한다. 또 겸업화는 이번 금융위기에 대한 연준과 재무부의 정책대응에서도 일관되게 유지된다. 그렇지만 진보주의자들은 국가가 경제에 개입한다는 이유만으로 신자유주의가 소멸했다고 예단하는 오류를 범한다.

마르크스주의 진영에서 김성구(2010)는 1970년대 구조적 위기에 따라 케인즈주의가 해체되고 이에 대한 보수주의적 대응으로 신자유주의가 출현했다고 주장한다.[9] 그에 따르면, 구조적 위기는 '구조화된 과잉자본의 청산'을 요구한다. 그러나 새로운 축적체제로 확립된 신자유주의는 과잉자본의 청산을 회피한다. 따라서 그것은 이전의 축적체제와 달리 자본주의의 구조적 위기를 극복하지 못하고 또 고도성장도 가져오지 못한다. 반면 이윤분배율의 제고와 금융시장에서의 기생적 축적을 통해서 과잉자본의 배출구를 찾는다. 즉 신자유주의에서는 한편으로 노동조합의 약화와 자본에 유리한 소득재분배를 통해서 자본의 수익성이 개선되고, 다른 한편으로 '과잉된 이윤'이 금융시장에서 새로운 투자처를 발견한다. 기업이윤의 증가에도 불구하고 투자는 낮은 수준에 머물기 때문이라는 것이다. 이에 따라 금융은 '투기자본의 운동공간'으로 전락한다. 그는 이처럼 금융투기에 의존하는 신자유주의를 '위기와 불

9) 그는 신자유주의를 시장만능주의로 간주하는 입장을 비판하면서 국가독점자본주의 단계 개념이 여전히 유효하다고 주장한다. 국가는 예나 지금이나 총자본을 대표하는 기관이며 탈규제를 표방하는 신자유주의에서도 국가의 계급적 성격은 변화한 적이 없다는 것이다. 그는 이번 금융위기에 대한 재무부와 연준의 적극적 개입이 현대자본주의가 여전히 국가독점자본주의 단계에 있음을 입증한다고 주장한다. 케인즈주의와 신자유주의는 '국가독점자본주의의 두 가지 변종'일 따름이기 때문이다. 그런데 이 경우 국가독점자본주의는 사실상 국가의 계급성을 지칭하는 정도로 그 의미가 축소된다. 그러나 금융세계화와 관련하여 신자유주의적 정책개혁을 설명하지 못한 채 단지 국가가 총자본의 이익을 대표한다고 주장하는 것만으로 국가독점자본주의론을 정당화할 수는 없다.

안정에 의해 특징지어지는 위기의 축적체제'로 규정한다.

그러나 김성구도 1980년대 이후 경험적으로 확인되는 이윤율의 상승과 금융적 팽창이라는 현상을 나열할 뿐 이들 사이의 인과관계를 분석하지 못한다. 그는 특히 자본의 수익성이 증대되었음에도 불구하고 자본이 투자처를 발견하지 못하는 이유를 설명하지 못한다. 그러나 중요한 것은 이윤율의 운동에 대한 분석을 통해서 금융화를 설명하는 것이다.

전통적으로 마르크스주의적 경제위기론은 자본주의적 축적의 보편적 법칙으로서 이윤율 하락과 구조적 위기에만 주목할 뿐, 구조적 위기와 순환적 위기의 결합, 나아가 금융위기를 제대로 설명하지 못한다.[10] 이에 따라 정세 분석을 구조 분석으로 환원하는 오류를 범하게 된다. 반면 곽노완(2006, 2008a, 2008b)은 마르크스주의적 경제위기론이 21세기의 현실에도 이론적으로 타당함을 입증하기 위해서는 금융위기를 분석할 수 있어야 한다고 주장한다.

곽노완은 '공황'을 '신용을 통해 조달된 투자와 투기의 실패 때문에 자본의 파산이 급증하고 사회적 총자본의 생산이 절대적으로 감소하며, 총이윤이 갑작스럽게 음(-)이 되는 과정'이라고 규정한다. 그에 따르면, 이 같은 공황은 항상 외채·외환위기 등 금융위기에 의해 촉발되는데, 기존의 마르크스주의적 경제위기론은 산업자본의 순환에만 주목하고 금융위기를 무시한다는 것이다. 따라서 그는 불가피하게 마르크스의 경제위기론을 변형·확장해야 한다고 제안한다.

그는 먼저 산업자본을 절대화하는 '오류'로부터 벗어날 것을 요구한다. 그에 따르면, 마르크스는 산업자본의 순환도식을 '자본순환의 일반공식'(M—C…P…C′—M′)과 동일한 것으로 간주한 반면

---

10) 예를 들어 정성진(2008)은 '산업자본이 은행으로부터 독립'(자기금융화)한 이후 은행의 영업분야가 산업자본에 대한 대출에서 소비자금융으로 이동했고, 이번 금융위기는 '소비자금융의 자기한계'로 인해 발생했다고 주장한다. 이 같은 주장은 금융이나 금융위기에 대한 마르크스주의자들의 전반적 무관심을 보여주는 단적인 사례이다.

금융자본의 순환도식(M—M′)은 불완전한 것으로 인식하기 때문에 이 같은 오류를 범한다. 이는 마르크스가 금융자본의 순환을 오해하기 때문인데, 금융자본도 산업자본과 마찬가지로 노동력과 생산수단, 즉 건물, 집기, 현금입출금기, 컴퓨터 등을 구매하고 노동과정 내지 생산과정을 회전의 필수적 계기로 갖는다. 따라서 그는 금융자본의 순환도식도 자본순환의 일반적 공식과 다르지 않다고 주장하고, 나아가 자본순환의 일반공식을 'M(대부자금)—M(화폐)—C…P…C′—M′(매출액)—M′(원금과 이자)'으로 수정해야 한다고 주장한다.

이런 맥락에서 그는 산업의 이윤율 하락을 통해 금융화를 설명하려는 시도를 다음과 같이 비판한다. 첫째, 이윤율 하락은 이론적으로 증명할 수 없다. 둘째, 산업의 이윤율이 하락하면서 금융의 이윤율도 하락하기 때문에 투자자금이 산업에서 금융으로 이동한다는 주장은 지지하기 힘들다. 셋째, 이자율의 급격한 인상, 원료·에너지가격의 급격한 상승, 환율·외환신용조건의 급변 등은 이윤율 하락이라는 조건이 없어도 신자유주의적 세계화의 조건에서는 언제든지 발생할 수 있는 요인들이다. 그러므로 그는 이윤율 하락이 '불황의 조건'은 될 수 있지만 '공황의 조건'이 되기에는 몇 가지 조건이 더 추가되어야 하며, 이윤율의 급격한 하락은 공황의 원인이라기보다는 오히려 금융위기의 결과라고 주장한다.11)

이상의 논의를 통해 곽노완은 마르크스주의적 경제위기론을 다음과 같이 재구성한다. 그에 따르면, 금융위기는 투기, 즉 '시세차익을 획득하기 위한 투자'의 결과로 발생한다. 그런데 자본주의적 축적은 투기의 대상과 주체를 계속 확장하기 때문에 금융위기의 가능성을 증폭시킨다. 처음에는 상품, 주식시장이 발전한 이후에

---

11) 첫 번째 논거는 마르크스주의 경제학의 이론적 성과에 대한 무관심을 반영할 따름이다. 또 두 번째 논거는 경험적으로 반박된다. 1990년대 이후 금융의 이윤율이 산업의 이윤율을 상회하면서 평균이윤율의 상승을 주도하기 때문이다. 마지막으로 세 번째 논거에서 제시된 이자율·원료·환율의 급격한 변동은 금융위기의 구조적 원인이 아니라 순환적 원인이다.

는 자본, 브레튼우즈체제가 붕괴된 이후에는 화폐가 각각 투기의 대상이 된다는 것이다. 최근에는 새로운 가계신용과 이것을 증권화한 파생금융상품도 투기의 대상이 된다. 자본주의는 투기시장을 끊임없이 확대하는 경향이 있으며, 이번 위기도 이 같은 경향의 일부를 구성한다.

그러나 곽노완의 주장에는 수많은 이론적 문제가 있다. 먼저 그가 주장하는 것처럼 총이윤이 음이 되는 '공황'은 발생할 수 없다. 경제위기가 발생할 때 이윤량이 감소할 수는 있지만 마이너스가 될 수는 없기 때문이다. 또한 그는 마르크스가 산업자본을 상업자본이나 금융자본과 구별하는 이유를 이해하지 못한다. 산업자본이 자본을 대표하는 이유는 잉여가치를 생산하기 때문이다. 반면 상업자본과 금융자본은 잉여가치의 생산에 간접적으로 기여함으로써 잉여가치의 분배에 참여한다. 그런데 그는 금융자본도 노동과정을 포함하고 잉여가치를 생산한다고 강변한다.

나아가 그는 산업자본과 금융자본의 차이를 주변적인 것으로 간주하고, 게다가 산업자본의 축적을 금융자본의 축적으로 환원한다. 그 결과 초과이윤의 형성과 생산가격으로의 전형에 대한 분석도 투기를 설명하는 것이라고 주장한다. 개별가치와 시장가치, 가치와 생산가격의 차이로 인해 투기가 발생한다는 것이다. 이 같은 터무니없는 주장에 기초하여 그는 자본주의적 축적의 보편적 법칙을 금융투기의 확대·심화로 간주하면서 모든 위기를 금융위기로 환원한다. 마르크스주의적 경제위기론을 변형·확장하려는 그의 시도는 결국 금융의 내재적·투기적 불안정성을 강조하는 포스트케인즈주의자 민스키의 이론으로 귀결될 따름이다.

이처럼 마르크스주의적 경제위기론을 표방하는 김성구와 곽노완도 금융화를 금융투기와 동일시한다. 그러나 마르크스주의적 관점에서 금융화는 금융투기에 의한 경제의 거품화로 환원되지 않는다. 금융화는 구조적 위기에 대한 반작용이기 때문이다. 자본생산성과 이윤율이 하락하면 자본은 이윤량을 증대시키는 방식으로 대응한다. 이를 위해서는 이윤율을 더 이상 하락시키지 않는 방식으로 고정자본을 증대시켜야 하므로, 이윤의 재투자로서 집적이 아니라 소유권의 이전으로서 집중이 발생한다. 지주회사를 통한 인수·합병이 바로 금융화의 대표적 메커니즘인 것이다.

이러한 과정에서 소유자의 권력이 복권되면서 기업의 지배구조가 개혁된다. 연금기금과 투자신탁기금 같은 기관투자가가 주주행동주의라는 형태로 경영자에게 압력을 행사함으로써 '주주가치의 최대화'를 실현하는 것이다. 그래서 기업은 배당금이나 자사주 매입을 위한 지출을 확대하고, 이는 곧 투자의 감소로 귀결된다. 과거와 달리 이제 기업 내부에서도 금융화의 논리가 지배한다.

1970년대의 경제위기가 이윤율의 하락에 따른 구조적 위기라고 한다면, 현재의 금융위기는 1980년대 이후 이윤율의 반등을 가져온 금융화의 모순이 폭발한 것이다. 백승욱(2009)은 이에 주목하면서 현재의 금융위기와 1930년대 대불황의 차이를 강조한다. 그는 특히 금융화를 헤게모니 이행이라는 관점에서 인식해야 한다고 주장한다. 금융화는 자본주의적 축적의 보편적 법칙이 아니라 헤게모니 이행이라는 '세계경제의 역사적 동역학'과 관련하여 분석해야 한다는 것이다. 세계적 차원의 금융위기는 이윤율의 급락보다는 '[세계]체계 작동의 교란과 중단'이라는 형태로 발생하는데, 그것이 '국가간 체계 질서의 불안정성 증가와 계급적 관계에서의 소요의 증가에 의해 과잉결정'되기 때문이다.

이 같은 주장은 정성진(2008)에 대한 비판에서 좀 더 분명하게 드러난다. 백승욱은 이윤율 하락에 대한 반작용으로서 금융화를 세계경제의 역사적 동역학과 연결하지 않으면 실물경제의 이윤율 하락을 금융위기의 '최종적 원인'으로 강조하게 된다고 비판한다. 그럴 경우 헤게모니 위기라는 특징이 파악되지 않기 때문에 위기가 세계적으로 전개되는 불균등성과 세계적 차원의 헤게모니 교체의 동역학을 파악하지 못하고, 이윤율이 상승하던 곳에서 오히려 위기가 발생하는 것을 설명하지 못하며, 금융화가 세계경제적 차원의 재편에서 갖는 함의를 규명하지 못한다는 것이다.

정성진의 한계는 금융위기의 정세적 원인을 무시하고 구조적 원인으로 환원하는 것이다. 그러나 백승욱은 실물경제의 이윤율 하락을 위기의 궁극적 원인으로 규정하는 것 자체에 대해서도 비판한다. 이는 그가 금융화에 대한 아리기의 설명이 갖는 한계를 인식하지 못한 데서 기인한다. 아리기는 이윤율이 하락함에 따라 자본이 실물적 축적에서 금융적 축적으로 이행한다고 주장하면서도 금융화의 경제적 메커니즘을 설명하지 못한다. 그는 스페인-제노바 동맹, 네덜란드, 영국, 미국으로 헤게모니가 이행하는 과정을 묘사하는 것으로 금융화에 대한 설명을 대신할 따름이다.

백승욱은 중국으로 헤게모니가 이행한다는 아리기의 주장을 유보하면서도 현재의 금융위기를 설명하기 위해서는 그의 역사적 유비를 원용한다. 그러나 아리기의 주장과 달리 금융화는 헤게모니의 교체를 둘러싼 지정학적 갈등에서 기인하는 것이 아니다. 또 금융화를 특징짓는 미국경제의 이중적자와 수출달러환류는 단순한 '제국의 공납(tribute)'이 아니다.

이와 관련하여 김정주(2008, 2009)는 신자유주의적 금융화가 전개되는 구조적 요인으로서 달러본위제에 주목한다. 그는 1971년에 '금본위제가 달러본위제로 전환'된 이후 미국경제가 달러의 '가공적 가치'에 기초하여 '허구적 성장'을 달성했다고 주장한다. 금태환이 중지된 이후 '실물적·가치적 기초로부터 유리됨'에도 불구하고 달러는 미국경제에 대한 믿음이라는 '허구적 관념'에 따라 무한정 공급될 수 있었다. 그 결과 국제금융시장이 과잉팽창했고, 미국은 막대한 대외부채에 의존하면서 경제성장을 달성했다는 것이다.

곽노완(2008b)도 달러본위제가 미국의 '제국적 횡포와 폭력'에 기초한다고 주장한다. 나아가 그는 '달러지배체제'를 '약소국에 대한 수탈 메커니즘'으로 규정한다. 미국은 상품을 수입하고 '종이쪽지에 불과한 달러'를 지불하기 때문에 무역적자만큼 조공을 수취한다는 것이다.

그러나 이들은 화폐의 본질에 관해 심각하게 오해하고 있다. 브레튼우즈체제 붕괴 이후 달러가 '실물적 기초'는 물론 '가치적 기초'로부터 유리되었다는 김정주의 주장은 관리통화제에서 달러를 포함한 중앙은행권이 더 이상 보편적 등가물이 아니라는 주장으로 귀결된다. 또한 곽노완은 화폐의 본질을 유통수단으로 인식한다.[12] 상징화폐는 상품화폐와 달리 그 자체로서 가치 또는 실물적 토대가 없기 때문에 특정한 국가의 상징화폐를 세계화폐로 사용하는 것은 약소국을 수탈하는 메커니즘이라는 것이다.[13]

마르크스의 이론에서 화폐의 본질은 다른 모든 상품의 가치실체, 즉 추상노동을 표현할 수 있는 보편적 등가물이다. 중앙은행권 역시 보편적 등가물이다. 다만 상품화폐가 그 자체로서 가치를 갖는 반면 중앙은행권의 가치는 국가의 지불능력으로 측정된다는 차이가 있을 따름이다. 따라서 무역적자에 따라 해외로 유출된 달러는 미국의 국가부채이므로, 미국은 무역적자만큼 국가신용으로 상품을 구매한 것이지 일방적으로 조공을 수취한 것이 아니다.

보편적 등가물로서 중앙은행권은 반드시 조세를 수취할 수 있는 능력에 의해 뒷받침되어야 하기 때문에 국가만 발행할 수 있다. 이 같은 이유로 관리통화제는 민족국가에서만 도입될 수 있다. 전체 인류에 대해 조세를 거둘 수 있는 세계정부가 없기 때문에 세계중앙은행은 존재할 수 없는 것이다. 국제통화기금(IMF)을 통해 세계화폐인 방코르(bancor)를 발행하자는 케인즈의 제안은 실행가능성이 없는 유토피아에 불과할 따름이다. 또 유로가 달러를

12) 그는 유통수단과 지불수단을 혼동한다. 마르크스가 분석한 화폐의 기능 중에서 상품의 유통을 매개하는 것은 유통수단이고 채권-채무관계를 청산하는 것은 지불수단이다. 그런데 그는 유통수단으로서 화폐의 기능을 설명하면서 지불수단이라는 개념을 사용한다.

13) 그의 독특한 화폐관은 대안사회에 관한 논의에도 반영된다. 그는 마르크스의 주장과 달리 대안사회에서 화폐가 소멸될 필요는 없다고 주장한다. 마르크스는 상품화폐를 공비(空費, faux frais)로 간주했기 때문에 화폐를 폐지해야 한다고 주장했는데, 상품화폐가 역사적으로 폐기되었기 때문에 현재로서는 화폐의 소멸을 고집할 이유가 없다는 것이다(곽노완, 2006).

대체할 수 없는 것도 동일한 이유에서 비롯된다. 유럽연합은 조세를 수취할 수 있는 재무부가 없기 때문이다. 그러므로 달러본위제가 붕괴한 이후 김정주와 곽노완이 예상하는 '다극체제'는 새로운 체제가 아니라 세계시장의 붕괴를 의미할 따름이다.

브레튼우즈체제가 붕괴된 이후 40년 가까이 지속된 달러본위제를 단순한 '일탈', '왜곡', '제국적 횡포와 폭력'이라고 도덕적으로 비난하는 것은 아무런 과학적 의미도 없다. 중요한 것은 달러본위제가 유지되는 경제적 메커니즘, 즉 달러가 환류되는 메커니즘의 내재적 모순을 분석하는 것이다.

브레튼우즈체제가 붕괴된 직후인 1970년대에는 유럽에서 활동하는 미국계 초민족은행을 중심으로 서아시아의 석유달러가 환류된다. 그러나 이는 1980년대 초반에 신흥공업국의 외채위기와 함께 종결된다. 그 후 미국의 증권시장을 중심으로 금융세계화가 본격적으로 전개되면서 동아시아 수출달러의 환류가 중요해진다. 수출달러의 환류를 통해 이중적자, 즉 무역적자와 재정적자가 유지되는 것은 달러의 발권이익(seigniorage) 때문이다.

김정주(2008)는 미국경제의 '허구적 성장'이 '공급중시경제학과 통화주의의 결합으로 구체화'된 '신자유주의적 성장모형'이라는 '허구적 정책'에 의해서 정당화된다고 주장한다. 그는 1980년대 이후의 모든 경제정책을 허구적인 것으로 간주하기 때문에 금융화를 뒷받침하는 정책개혁과 그것에 내재하는 모순을 설명할 필요성을 부정한다.[14)]

게다가 김정주는 달러와 신용의 과잉공급이 실물경제의 이윤율에 영향을 미치기 때문에 달러본위제는 '불황을 넘어 공황'을 발생시킨다고 주장한다. 한편으로 과잉신용에 따른 과잉투자로 인해 과잉생산이 발생하고, 이는 물가의 하락과 수익성의 악화를 초래한다. 다른 한편으로 과잉신용을 통해 창출된 다양한 형태의 가공

---

14) 곽노완(2008b)도 1980년대에 일본의 수출달러가 환류되는 방식과 2000년대에 중국의 수출달러가 환류되는 방식의 차이를 인식하지 못한다.

자본이 '이윤율의 결정에 참여'함으로써 '이윤율의 하락을 가속화'한다. 이 때문에 '실물적·가치적 기초로부터 유리된 가공자본의 창출이 불황을 넘어 공황을 불가피하게 한다'는 것이다.

그러나 이 같은 주장은 이윤율의 결정에 대한 오해에서 비롯된다. 그가 제시하는 이윤율 하락의 첫 번째 경로는 혼란스럽다. 그는 과잉신용, 과잉투자, 과잉생산, 물가하락, 수익성의 하락 사이에 인과관계를 설정하는데, 이는 이론적·현실적으로 근거가 없다. 금융적 축적에서는 과잉신용이 과잉투자로 이어지지 않고 따라서 과잉생산을 야기하지 않기 때문이다. 또 그는 과잉신용에 따른 물가상승은 고려하지 않고 단지 과잉생산에 따른 물가하락만 문제삼는다. 두 번째 경로 역시 모호하다. 가공자본이 이윤율의 결정에 '참여'한다는 것의 정확한 의미를 설명하지 않기 때문이다.

대조적으로 장시복(2008a, 2008b)은 이윤율의 운동, 금융화, 이중적자를 모두 고려하면서 금융위기에 대한 분석을 시도한다. 그는 이번 금융위기의 원인을 1990년대 미국경제의 대내외적 불균형에서 발견한다. 1990년대 미국경제는 노동자계급의 실질임금이 정체되면서 제조업부문을 중심으로 이윤율이 상승한다. 그런데 이 시기의 경제호황은 정보통신산업에 편중된 형태로 나타난다. 이러한 불균형 때문에 1997년부터 이윤율이 하락함에도 불구하고 2001년까지 벤처캐피털의 투자가 증가한다. 이러한 '수수께끼' 같은 현상은 주식시장의 붐에 의해 가능해진다. 상위계층을 중심으로 자본소득에 기초한 소비가 증가하면서 경제호황을 뒷받침한다는 것이다. 그러나 주식시장이 발전하는 과정에서 금융의 규제·감독이 크게 완화되면서 고위험·고수익을 위한 '금융활극'이 시작된다. 그 결과 거품의 형성, 금융투기의 확대, 주주가치의 극대화, 파생금융상품의 발전 등이 출현하면서 금융적 불안정성이 심화된다.

또 그는 이 같은 대내적 불균형이 대외적 불균형을 야기한다고 주장한다. 상위계층이 소비를 증가시켰고 실질임금이 하락한 노동자계급도 저가의 소비재를 통해 소비수준을 유지하려고 했기 때문에 무역적자가 확대된다. 이와 함께 자본수지도 흑자를 기록한다. 증권시장으로 유입된 막대한 외국자본이 증권시장의 붐을 가속화함으로써 경제호황이 지속된다.

1990년대 후반의 금융거품은 2000년 초반에 붕괴한다. 이에 대해 기업과 연준은 신속히 대응한다. 기업은 구조조정을 통해 이윤율을 다시 상승시키고, 연준은 저금리를 통해 증권시장을 부양한다는 것이다. 또 주택시장이 정보통신산업을 대체한다. 장시복은 이 같은 과정을 거쳐 위기가 계속 지연되다가 2007년에 주택시장의 위기와 함께 최종적으로 붕괴되었고, 위기가 지연된 만큼 금융위기의 규모와 충격이 훨씬 더 증폭되었다고 주장한다.

그러나 그는 구조적 위기에 대한 관점 없이 이윤율의 단기적 변동을 통해 순환적 위기만 설명할 따름이다. 또 그는 단지 실물경제의 이윤율에만 주목하는데, 이는 순환적 위기를 설명하는 데에도 한계가 있다. 1980년대 중반부터 금융이 평균이윤율의 상승을 주도하기 때문이다. 그는 결국 2000년에 신경제거품이 붕괴된 이후 이윤율의 하락에 대응하는 금융혁신을 분석하지 못한다. 이는 그가 금융화를 단순히 '금융활극'에 의한 거품경제로 환원하는 것과도 관련된다.

또 그는 이중적자에 주목하면서도 이를 증권시장을 지지하는 한 가지 요인으로만 간주할 뿐, 그것의 규모가 2000년대에 급증한 사실에 대해서는 간과한다. 그 결과 무역적자의 규모가 확대되면서 수출달러의 환류를 원활하게 하기 위한 금융시장의 변화를 분석하지 못한다는 것이다.

이 같은 결함은 그가 1990년대와 2000년대 금융화의 차이를 분석하지 못하는 것으로 귀결된다. 그는 2000년대의 금융화를 1990년대의 신경제거품의 연장으로 인식하고, 따라서 이번 금융위기를 신경제거품의 붕괴에 따른 위기가 지연된 것에 불과한 것으로 인식한다. 또 그는 2000년대의 새로운 금융혁신, 즉 주택담보부증권(MBS), 부채담보부증권(CDO), 신용부도스왑(CDS) 같은 파생금융상품을 선물 같은 기존의 파생금융상품과 유사한 것으로 간주한다. 그러나 2000년대의 금융화는 주택시장과 증권시장, 신용과 증권의 결합을 통해 한층 더 성숙한 형태로 발전한 것이기 때문에 1990년대 신경제거품의 단순한 연장으로 간주할 수 없다. 이번 위기가 2001년 위기의 지연일 따름인 것은 아니다.

금융혁신과 신용의 증권화

이번 금융위기는 서브프라임 모기지론의 부실화에 의해 촉발되어 세계적으로 확산된다. 장상환(2008)은 주택시장과 관련된 정부의 그릇된 정책으로 인해 서브프라임 위기가 발생했다고 주장한다. 즉 저금리정책, 금융규제 완화, 저소득층의 자가보유를 촉진하기 위한 대출규제 완화 등 잘못된 정책으로 인해 주택시장의 거품이 과잉팽창했다는 것이다. 이종권(2008)도 이번 위기의 일차적 원인을 서브프라임 모기지론의 '약탈적 성격'에서 발견한다. 프라임 모기지론은 비교적 엄격한 대출기준에 따라 취급되고 증권화 상품의 설계 및 발행과정에서도 공공기관에 의해 신용보강이 이루어진다. 반면 서브프라임 모기지론은 대출과정부터 초기 상환금리를 낮추는 '미끼금리'를 통해 신용등급이 낮은 고객을 유인한다. 게다가 이를 기초자산으로 하는 증권화도 적절한 신용보강 및 신용평가가 이루어지지 못한다. 이에 따라 부실 모기지론이 양산되면서 이번 금융위기가 시작된다는 것이다.

그러나 서브프라임 모기지론의 부실화는 단지 금융위기를 촉발한 요인에 불과하다. 그것만으로는 세계적 차원의 금융위기가 발생하지 않기 때문이다. 미국 주택시장의 위기를 세계적 금융위기로 증폭시키는 데 핵심적 메커니즘으로 작동한 것은 주택담보부증권, 부채담보부증권, 신용부도스왑 같은 일련의 금융혁신이다.

이에 대해 전창환(2009a)은 '경제의 금융화' 개념과 함께 '[금융의] 증권화' 개념을 제시한다. 그에 따르면, 증권화는 은행의 자산

구성에서 비유동적 대출을 채권시장에서 자유롭게 거래할 수 있는 유동자산으로 변형시키는 과정이다. 증권화는 1970년대에 국책모기지회사에 의해 시작되지만, 1988년에 국제결제은행(BIS)의 자본비율규제가 도입된 이후 은행을 중심으로 확산된다. 이러한 규제는 대출자산이 증가하는 만큼 자기자본을 추가적으로 적립할 것을 요구하는데, 은행은 증권화를 통해 대출자산을 유동자산으로 전환함으로써 이런 요구에 대응할 수 있었다는 것이다. 또 증권화를 통해 위험자산을 장부외처리(off-balance)하면 신용등급을 높임으로써 자본을 쉽게 조달할 수도 있었다. 그는 이 같은 장점 때문에 은행이 증권화를 적극적으로 활용하게 되었다고 주장한다.

증권화가 2000년대의 금융화를 특징짓는 가장 중요한 현상이라는 것에 대해서는 이론의 여지가 없다. 그러나 증권화의 본질과 기능에 대한 분석에서는 중요한 이론적 차이가 드러난다. 케인즈주의적 입장에서 증권화는 순기능과 역기능을 모두 포함한다. 그러나 증권화의 위험을 최소화할 수 있는 규제·감독의 부재, 그리고 미국 주택시장의 특수성 때문에 위기가 발생한다는 것이다.

이종권(2008)은 '증권화 과정에서의 시장규율의 부재' 때문에 주택시장의 위기가 전체 금융위기로 확산되었다고 주장한다. 모기지취급기관이 우량 모기지를 보유하고 불량 모기지를 매각함에 따라 증권화의 기초자산을 구성할 때 정보의 비대칭성에 기초한 '역선택'이 발생한다는 것이다. 그 결과 금융혁신은 위험의 분산이라는 당초의 목적을 달성하지 못할 뿐만 아니라 오히려 위험의 소재와 책임을 불명확하게 함으로써 '체계적 위험'을 훨씬 더 심화시키는 결과를 초래한다. 또 그는 증권화에 대한 규제·감독체계가 미흡한 것도 중요한 요인으로 지적한다. 신용평가기관을 견제해야 할 증권거래위원회(SEC)는 이를 위한 실질적 장치를 갖고 있지 않으므로, 오히려 증권시장에 대한 규제·감독 권한의 일부를 사실상 신용평가기관에게 위임한다는 것이다.

전창환(2009a)도 윤리적·제도적 허점에서 금융위기의 원인을 발견한다. 그는 신용평가회사의 이익갈등(conflict of interest) 때문에 고위험의 부채담보부증권이 급증했다고 주장한다. 즉 신용평가회사는 증권회사로부터 수수료를 받기 때문에 부채담보부증권에 국채와 동일한 최고신용등급(AAA)를 부여했다는 것이다.15)

또 그는 금융시스템을 불안정하게 만드는 두 가지 제도적 요인을 지적한다. 하나는 신용파생상품에 대한 규제·감독체계의 허점이다. 2000년에 상품선물현대화법이 제정됨에 따라 파생상품의 거래에 대한 규제·감독이 대폭 완화된다. 그 결과 고위험의 부채담보부증권이 증권거래위원회나 상품선물거래위원회(CFTC)의 규제·감독 없이 거래되었다. 또 증권회사는 레비리지비율을 은행보다 두 배 이상 높인 다음 파생금융상품에 투자하여 고수익을 달성했다. 다른 하나는 증권회사를 비롯한 금융기관의 기업지배구조의 결함이다. 미국의 기업지배구조는 최고경영자를 견제·감시하기에는 취약하다. 성과급을 받는 경영자는 단기에 높은 성과를 획득하기 위해 공격적 방식으로 자산을 운용한다. 그 결과 고수익·고위험의 투자가 관행화되어 금융시스템이 불안정해진다는 것이다.

장상환(2008)은 금융규제·감독의 완화에 따른 금융제도의 변화를 강조한다. 글래스-스티걸은행법 폐지 이후 은행 중심의 금융제도가 '고부채 비예금금융기관'에 기초한 새로운 금융제도로 변모하고 자산과 대출의 증권화가 확산되었다는 것이다. 새로운 금융제도에서는 금융기관이 규제·감독되지 않는 데다가 인센티브체제가 단기수익을 극대화하는 경영자에게 엄청난 보수를 약속하기 때문에 고위험·고수익을 위한 모험적 투자가 확산되었다.

이와 달리 마르크스주의적 접근에서는 증권화를 두 가지 방식으로 비판한다. 하나는 파생금융상품을 전적으로 금융투기(김성구,

---

15) 이익갈등은 '전문가의 판단이 경제적 소득 같은 부차적 이익에 의해 부당하게 영향을 받을 수 있는 상황 또는 조건'을 의미한다. 그런데 그는 이 개념을 제시하면서 '증권회사와 신용평가회사 사이의 이해상충으로 인해서 부채담보부증권에 대한 신용등급판정이 관대하고 그로 인한 폐해가 커졌다'고 설명하는데, 이는 이익갈등에 대한 오해이다.

2010)나 금융사기(이채언, 2009)로 간주하는 것이다. 그런데 이는 증권화의 모순을 과학적으로 분석하는 대신 도덕적으로 비난하는 것에 불과하다. 다른 하나는 마르크스의 가공자본 개념에 기초하여 파생금융상품을 비판하는 것이다(곽노완, 2006, 2008a; 김정주, 2008). 그러나 이들도 가공자본을 신용과 구별되는 금융자본의 한 형태로 인식하는 것이 아니라 금융자본의 가공성·허구성만 강조한다. 게다가 모기지론의 증권화를 '채권에 대한 증권의 상품화'이자 '가공자본에 대한 가공자본' 또는 '가공자본의 증권화'라고 잘못 부르기도 한다(곽노완, 2008a).

2000년대 금융세계화의 모순을 분석할 때 가장 중요한 것은 금융의 두 형태, 즉 신용과 증권을 구별하는 것이다. 마르크스는 '미래소득에 대한 청구권'을 의미하는 국채를 가공자본이라고 부른다. 국채는 정부가 이를 통해 조달한 자금을 비생산적으로 지출하기 때문에 그에 해당하는 실물경제적 토대가 없다. 그래서 그는 국채의 허구적 성격을 강조하기 위해 이를 가공자본으로 개념화한다. 그러나 가공자본(국채≡이자/이자율)과 대부자본(대부자본≡이자/이자율)의 공식이 동일하므로 가끔 둘을 혼동하기도 한다.

가공자본과 대부자본은 성격이 다른 것이다. 특히 주식시장의 발전에 따라 가공자본이 현대적 금융자본을 대표하게 된 이후에는 이 둘을 구별하는 것이 매우 중요하다. 가공자본으로서 증권은 대부자본으로서 신용과 달리 자본시장에서 유통되기 때문에 자금을 조달하는 데 좀 더 유리하다. 그러나 유통과정에서 시장가격이 액면가격으로부터 괴리되기 때문에 투기, 즉 시세차익을 위한 매매의 대상이 된다.

주택담보부증권, 부채담보부증권, 신용부도스왑 같은 금융혁신은 성격이 전혀 다른 신용과 증권을 혼합했다는 점에서 문제가 있다. 이는 개별금융기관의 수준에서는 위험을 분산시키고 부동자산을 유동화하는 장점이 있지만, 전체 금융제도의 차원에서는 위험을 증폭시키는 결과를 가져온다.

그런데 곽노완(2008b)은 가공자본의 가격방정식을 통해 이번 금융위기를 촉발한 주택담보부증권의 가격하락을 설명할 수 있다고 주장한다. 이를 위해 그는 먼저 마르크스가 제시한 가공자본의 가격방정식이 시세차익과 환차익을 반영하지 못한다고 비판한다. 그는 '가공자본가격=(할인기대수익금+할인기대매매차익+할인기대환차익)/이자율'이라는 새로운 방정식을 제안한다. 그리고 이에 기초하여 2002년부터 이자율과 환율의 변화에 따른 주택담보부증권의 가격 변화를 설명하면서 달러가치 하락 때문에 외국자본이 이탈하여 주택담보부증권시장이 붕괴되었다고 주장한다.

그런데 그가 제시하는 가공자본의 가격방정식은 부적합한 것이다. 우선 그는 기대수익금을 할인한 다음에 다시 이자율로 할인하는데, 이유를 설명하지 않는다. 또 독립변수로 설정된 할인기대매매차익은 그 안에 종속변수인 가공자본의 가격을 포함한다. 게다가 그처럼 환율이 이자율에 의해 결정되는 것으로 간주하면 분모에 속한 이자율과 분자에 속한 할인기대환차익 사이에 별도의 인과관계가 성립한다. 분모에 속한 이자율이 하락하면 주택담보부증권의 가격이 상승한다. 그러나 동시에 달러가치도 하락하기 때문에 분자에 속한 할인기대환차익이 감소함으로써 주택담보부증권의 가격이 하락한다.

그는 결국 주택담보부증권의 가격을 하락시키는 측면만 선택적으로 취합함으로써 주택담보부증권시장의 붕괴를 설명하는 셈이다. 그러나 주택담보부증권의 가격이 하락한 것은 우선적으로 주택가격이 하락했기 때문이다. 경기침체가 발생하면서 저소득층이 원리금을 상환하지 못하자 주택의 투매가 이어지면서 주택가격이 폭락하고 주택담보부증권을 비롯한 다양한 파생금융상품의 가격이 하락한 것이다.

한편 대부분의 논자들은 신용의 증권화를 이윤율의 운동 및 이중적자와 연관짓지 못한다. 전창환(2009a), 이종권(2008), 조복현(2009)은 주택담보부증권 같은 금융혁신이 1970년대에 처음 출현했다고 지적함에도 불구하고, 왜 그것의 사용이 계속 제한되다가 2002년 이후에 본격적으로 확산되는지 설명하지 못한다. 일례로 조복현은 증권화를 단지 자본시장의 내부적 본성에 따른 자연스러운 결과로 해석한다. 1980년대부터 신자유주의와 함께 자본시장이 발전하면서 유동성과 투기성을 추구하는 금융이 크게 팽창한 까닭에 금융자산의 유동성과 투기성을 강화시킬 수단과 기법이 개발되었는데, 그 중 하나가 증권화라는 것이다.

그러나 고수익·고위험의 파생금융상품은 단순히 '금융의 내재적 투기성'이나 '유동성의 강화' 때문이 아니라 이윤율의 하락에 대한 금융의 반작용 때문에 개발된 것이다. 1990년대에는 금융의 이윤율이 산업의 이윤율을 상회하면서 신자유주의적 금융세계화가 본격화적으로 전개된다. 그러나 2001년에 신경제거품이 붕괴되면서 금융의 이윤율이 급락한다. 특히 주식시장을 중심으로 활동하는 증권회사가 큰 타격을 입게 되는 것이다.

또 1997-98년 동아시아 경제위기를 계기로 중국이 새롭게 부상하면서 미국의 무역적자가 크게 증가한다. 이에 따라 동아시아의 수출달러가 원활하게 환류되기 위해서는 주식시장보다 훨씬 더 큰 규모의 금융시장이 필요해진다. 연준의 저금리정책을 배경으로 주택시장이 발전하고 이것이 금융혁신을 매개로 증권시장과 결합되면서 금융세계화는 절정에 도달한다.

2000년대의 금융혁신은 개별금융기관의 위험을 분산시킬 수 있기 때문에 주택금융의 대상자를 저소득층까지 확대한다. 이에 따라 금융화의 대중적 토대가 크게 확장된다. 신용의 증권화는 중간소득층 대상의 프라임 모기지론은 물론이고, 저소득층 대상의 서브프라임 모기지론이 급증할 수 있는 원동력이 된다. 따라서 2000년대 주택시장의 거품은 신경제거품보다 훨씬 더 큰 규모로 발전한 것이다. 그러나 이보다 더 큰 규모의 금융시장은 상상할 수 없으므로, 신자유주의적 금융세계화가 마침내 그 최종국면에 도달한 것이다.

정책대응과 향후전망

금융위기가 시작된 이후 연준과 재무부는 1930년대 '비상위급상황'(unusual and exigent circumstances)의 정책을 부활시킴으로써 은행위기를 예방하는 데 얼마간 성공한다. 금융위기의 원인에 대한 분석과 함께 정책대응의 성격에 대한 분석은 향후전망을 예측하는 데 핵심적이다.

그러나 대부분의 논자들은 금융위기 초기에 이루어진 정책대응, 즉 재무부의 구제금융과 연준의 가격완화정책에 대해서만 논의한다. 이에 따라 또 다른 핵심적 정책인 연준의 수량완화정책의 모순을 분석하지는 못한다. 또 대부분 현재의 금융위기가 해결된 것인지 아닌지조차 판단하지 못하므로, 더블딥(double dip)의 가능성에 대해서도 간과한다.

먼저 케인즈주의적 분석은 구조적 위기의 관점이 없기 때문에 모든 경제위기를 순환적 위기로 환원한다. 따라서 현재의 위기도 일정 기간의 침체 이후에 회복될 것으로 전망한다. 다만 이번 금융위기의 충격이 아주 크기 때문에 실물경제의 침체가 상당 기간 지속될 것이라고 예상하지만, 이를 자본주의의 붕괴와 결합하지는 않는다. 그 결과 장상환(2008)과 이정우(2009)는 이번 금융위기로 인해 시장만능주의가 종결되고 케인즈주의가 부활할 것이라고 주장한다. 또 정건화(2009)는 오바마의 당선이 이를 상징하는 사건이라고 주장한다. 이 같은 주장의 핵심은 시장과 국가의 단순한 이분법에 있다. 국가가 구제금융 또는 일시적 국유화 등 적극적 개입정책을 취했기 때문에 케인즈주의가 부활한다는 것이다.

그러나 이들은 오바마 정부의 성격을 오해한다. 오바마 정부의 핵심적 경제참모진은 클린턴-부시 정부에서 신자유주의적 정책개혁을 주도했던 새케인즈주의자들로 구성되어 있기 때문이다. 반면 전창환(2010)은 오바마 정부의 경제참모진이 1990년대 말 겸업화를 주도한 루빈(R. Rubin)의 피후견자인 가이트너(T. Geithner)를 비롯해서 1970년대 말 케인즈주의를 폐기한 볼커(P. Volker) 등 금융산업의 압도적 경쟁우위를 지상과제로 제시한 인물들로 구성된다는 사실에 주목한다.

또 이들은 이번 정책대응에서 신자유주의적 정책의 핵심인 겸업화와 인수·합병이라는 정책기조가 유지되었다는 사실을 간과한다. 그러나 전창환(2009b)은 이번 금융위기로 증권회사의 시대가 종결되는 것이 아니라 오히려 은행의 자금동원력에 기초하여 본격화될 수 있다고 주장한다.

나아가 이들은 금융을 억압하면 실물경제가 자연스럽게 회복될 것이라고 가정하는데, 이는 1970년대의 구조적 위기 이후에 기업이 금융그룹으로 변모한 사실을 간과하는 것이다. 1990년대 말 기업이 금융을 통해 획득한 이윤은 이미 전체 이윤의 40%를 상회한다. 따라서 금융시장을 강력하게 규제하면, 금융과 산업이 동시에 몰락할 수 있는 것이다.

케인즈주의와 대조적으로 마르크스주의에서 양효식(2008), 채만수(2008a), 오세철(2009) 등 구좌파는 모두 이번 위기를 자본주의의 총체적 위기로 간주한다. 그래서 정책대응이 무엇이든 간에 위기를 극복할 수 없으며, 설령 이번 위기를 극복해도 그것은 '하루살이의 호황'에 불과할 것이라고 주장한다.

이들에게는 재무부와 연준의 정책대응을 분석하는 것이 아무런 의미가 없다. 그러나 이들은 자본주의가 과거의 경제위기를 극복한 이유를 설명하지 못하는 것과 마찬가지로 이번 금융위기를 극복할 수 없는 이유도 설명하지 못한다. 다만 '기아와 빈곤의 급증', '생태적 재앙의 심화' 등 자본주의가 지속되어서는 안 되는 '추상적'이고 '당위적'인 이유를 열거하면서 자본주의의 지속불가능성을 강변할 따름이다.

반면 김성구(2010)와 정성진(2008)은 이 같은 양극단 사이에서 동요한다. 김성구는 이번 정책대응이 위기에 빠진 신자유주의를 재건하는 것이고, 신자유주의가 지속되는 한 금융위기를 가져온 위기 메커니즘은 계속 작동할 것이라고 주장한다. 정부의 조치가 '과잉자본의 청산'을 지연시키기 때문에 결코 위기를 극복할 수 없다는 것이다.[16] 그럼에도 불구하고 그는 자본주의의 붕괴 가능성은 없다고 단언한다. 이번 위기는 본질적으로 순환적 위기이기 때문에 설령 더블딥이 발생한다 하더라도 그것이 새로운 경기회복의 도래를 부정하거나 자본주의의 붕괴를 의미하는 것은 아니라는 것이다. 그러나 자본주의가 위기를 극복할 수 없지만 또한 붕괴되지도 않는다는 주장은 그 의미가 아주 모호할 따름이다.

정성진(2008)은 1930년대와 현재를 비교하면서 향후 세계경제를 전망한다. 1930년대는 이윤율이 상승하는 추세였고 또 케인즈주의로 '정책체제'가 전환될 수 있는 여지가 있었다. 반면 현재의 상황은 그 반대이기 때문에 1930년대 대불황보다 훨씬 더 심각한 위기에 빠질 수 있다는 것이다. 그러나 그는 곧이어 20세기 말부터 시작된 케인즈주의적 정책체제 아래 위기가 봉합될 가능성이 높다고 주장한다. 이 같은 혼란은 1930년대 대불황이 어떻게 극복되었는지를 설명하지 못하므로 결국 케인즈주의의 한계를 비판하지 못하는 것에서 기인한다.

홍종학(2009)을 비롯한 진보주의자가 주장하는 것처럼, 1930년대 대불황은 소득재분배 중심의 뉴딜정책에 의해 극복된 것이 아니다. 또 케인즈주의적 금융억압은 대불황을 극복하기 위한 필요조건이지 충분조건이 아니다. 뉴딜과 케인즈주의적 경제정책의 배후에는 이미 법인자본주의라는 새로운 축적체제가 발전하고 있었던 것이다. 이윤율을 상승시킬 수 있는 새로운 기술혁신이 나타날 때만 실물경제적 축적이 재개될 수 있고 또 케인즈주의적 경제정

16) 김성구는 미국 정부의 정책대응이 과잉자본의 청산을 지연시킨다고 비판하는 동시에 20세기 자본주의 경제에서는 자본의 규모가 너무 커서 이를 청산하는 것이 불가능하다고 주장한다.

책이 유효할 수 있다. 기술혁신이 부재한 상태에서 금융화의 종결은 새로운 성장기가 아니라 대불황의 시작을 예고한다. 따라서 케인즈주의가 위기를 봉합할 것이라는 주장은 객관적 근거가 없는 역사적 유비에 불과하다.

반면 백승욱(2009)은 1930년대와 달리 현재는 거시경제정책이 작동하고 있으며 위기가 관리되고 있다고 주장한다. 또 미국은 달러의 발권이익을 통해 경제적 부담을 다른 지역으로 이전시킬 수 있기 때문에 위기가 얼마간 회복될 것으로 전망한다. 동시에 그는 금융관리 메커니즘이 '과잉발전'되어 '위험분산을 이유로 위기를 더욱 가속화'한다고 주장한다. 또 대외부채의 확대에 기초한 소비시장의 성장이 지속되기 어렵기 때문에 '중기적으로 달러위기가 발생할 가능성이 관건이 될 것'이라고 예상한다.

그러나 그는 금융관리 메커니즘이 왜 위기를 가속화하는지, 또 지난 40년 동안 대외부채에 기초해서 발전한 미국의 소비시장이 왜 이제는 지속되기 어려운지 설명하지 못한다. 이는 이번 금융위기에 대한 미국 재무부와 연준의 정책대응이 갖는 특성을 분석하지 못하는 것에서 비롯된다. 즉 당장에는 금융위기를 진정시키지만 결국 달러위기를 초래할 수 있는 이번 정책대응의 내재적 한계를 분석하지 못한다는 것이다.

이와 대조적으로 김정주(2008)는 이번 금융위기로 달러체제가 해체되기 시작했으며, 향후 경제블록간 분열과 대립이 심화되거나 아니면 세계중앙은행의 신설을 통해 새로운 기축통화를 발행하는 형태로 타협이 이루어질 것이라고 전망한다. 그리고 현재 달러가치가 폭락하지 않았기 때문에 달러위기를 부정하는 것은 현상과 본질을 구분하지 못한 탓이라고 비판한다.

곽노완(2008b)도 이번 금융위기로 인해 달러지배체제가 붕괴될 것이라고 예상한다. 최근에 주요20개국(G20)의 출범으로 '주요국간 통화스왑체제, 또는 경제대국 통화들의 바스켓체제나 다극체제로 전환될 가능성'이 높아졌는데, 이것이 현실화될 경우 미국은 달러의 발권이익을 박탈당할 것이라는 것이다.

그러나 달러본위제가 그 자체의 모순 때문에 궁극적으로 붕괴된다는 주장은 자본주의가 그 자체의 모순 때문에 궁극적으로 붕괴된다는 주장만큼이나 공허하다. 또 연준의 수량완화정책에도 불구하고 인플레이션이 발생하지 않는 것은 여전히 국제금융시장에서 달러에 대한 수요가 유지되기 때문인데, 이를 본질과 괴리되는 현상이라고 주장하는 것은 아무런 근거도 없다.

반면 장시복(2009b)은 이번 금융위기에 대한 미국 재무부와 연준의 정책대응을 구체적으로 분석함으로써 좀 더 객관적인 전망을 도출하고자 시도한다. 그는 연준과 재무부가 과감한 수량완화정책과 구제금융을 통해 은행위기를 저지하는 데 성공했다고 판단한다. 그렇지만 그는 이번 정책대응에서도 '이익의 사유화와 손실의 사회화'라는 계급성이 관철되어 금융자본에게 일방적으로 유리한 결과가 나타났다고 비판한다.[17)]

아울러 장시복은 수량완화정책의 한계를 지적한다. 그는 수량완화정책이 과잉유동성을 양산함으로써 차후 인플레이션이나 새로운 자산가격거품이 형성될 위험과 달러가치가 폭락할 위험을 내포한다고 주장한다. 특히 달러가치가 폭락할 경우에는 주요 국가간 '통화전쟁'이 야기될 수 있다고 전망한다. 또 수량완화정책은 금융안정은 달성했지만 수요확대에는 기여하지 못했기 때문에 실물경제가 계속 위축될 것이고, 막대한 국가부채가 누적되어 추가적 경기부양책에 걸림돌이 될 것이라고 비판한다.

그러나 그의 분석은 이번에 연준이 단행한 수량완화정책의 특징을 간과하는 것이다. 그래서 그가 은행위기가 해결되었다고 예단하면서 더블딥의 가능성을 무시하는 것이다. 전형적 수량완화정책은 중앙은행의 자산(국채)과 함께 부채(본원통화)를 증가시키는

17) 그는 이것이 공사제휴투자계획(PPIP)의 손익분배방식에서 가장 분명하게 드러난다고 주장한다. 그러나 이 계획은 연준의 스트레스테스트 이후에 실질적으로 폐기된다.

것이다. 그런데 연준은 자산을 증가시키는 동시에 국채를 매각하고 민간의 부실금융자산을 매입함으로써 자산의 구성을 변화시켰다. 따라서 이번의 비전형적 수량완화정책은 단순히 통화량의 증가로 예상되는 인플레이션이나 자산거품의 위험을 수반하는 것이 아니다. 연준이 구매한 금융자산이 부실화될 경우에 은행은 물론이고, 심지어 연준조차 파산할 수 있는 위험을 내포하기 때문이다. 게다가 금융위기가 얼마간 진정되었다고 해도 출구전략의 시기를 선택하는 것이 아주 곤란하기 때문에 더블딥의 가능성이 높다.

같은 맥락에서 재정위기 문제가 심각하게 논의되고 있지만 국내에서는 재정위기의 가능성에 대한 논의가 거의 없다. 대신 장시복을 포함한 대부분의 논자들은 국가부채가 증가하여 향후 경기부양을 위한 재정정책을 사용할 여지가 축소되는 측면만 일방적으로 강조한다.[18]

향후정세에 대한 객관적 전망은 노동자운동의 대안을 모색하는데 필수적이다. 그러나 대부분의 논자들은 위기의 구조적·정세적 원인과 정책대응을 분석함에 있어서 이론적으로 정교하지 못하다. 이는 대안을 모색함에 있어서도 마르크스주의적 대안 대신 케인즈주의적 대안에 의존하는 것과 관련된다.

좌파적 대안

좌파진영은 금융위기에 대한 분석과 전망을 통해 각자의 대안을 제시하는데, 그것은 크게 이념적 대안과 정세적 대안으로 구분

---

18) 전창환(2010)은 연준의 파산가능성을 검토한다. 이번 수량완화정책으로 인해 연준의 자산 중에 1.2조달러가 위험자산으로 분류된다. 그런데 연준의 자본은 473억달러에 불과하기 때문에 위험자산의 4% 정도가 회수불능이면 연준이 자본잠식에 빠질 수 있다는 것이다. 그렇지만 그는 재무부가 자신이 보유하고 있는 금으로 연준에게 구제금융을 제공할 수 있다는 사실을 무시한다. 문제는 연준의 파산이 아니라 재정위기인 것이다.

된다. 이번 금융위기가 전개되는 과정에서 제출된 이념적 대안으로는 케인즈주의, 비교자본주의론, 국유화론, 기본소득론 등이 있다. 이념적 대안이 새로운 사회의 전망에 대한 원칙적 입장을 의미한다면, 정세적 대안은 실행가능성을 고려하면서 이념적 대안을 구체화한 것이다.

케인즈주의

케인즈주의는 자본주의적 생산의 내재적 한계를 부정하면서 자본주의적 축적의 보편적 법칙이 아니라 수요의 변동에 따른 경기순환에 주목한다. 이런 관점에서 경제위기는 구조적 위기가 아니라 순환적 위기에 불과하므로 경제정책을 통해 극복될 수 있다. 이 때문에 이들은 이번 위기를 '과감한 개혁'의 기회로 인식한다(장상환, 2008; 윤진호, 2009). '뉴딜의 부활'로서 케인즈주의적 개혁은 금융억압('금리생활자의 안락사')과 적자재정('투자의 사회화')으로 구성된다.

신자유주의적 금융해방을 역전시키는 금융억압은 금융시장에 대한 규제·감독의 강화를 의미한다. 그것의 근본적인 지향은 금융이 실물경제를 지배하는 것이 아니라 실물경제에 봉사하도록 강제하는 것이다. 그렇지만 금융억압의 수준과 방식에 대해서는 논자들에 따라 차이가 있다.

신자유주의를 시장만능주의와 동일시하는 김기원(2008), 윤진호(2009), 정건화(2009) 등은 시장실패에 대응하는 국가개입이라는 추상적 원칙을 제시한다. 반면 이종권(2008)은 증권화의 성장에 조응해서 규제·감독체제를 정비하자고 제안한다. 특히 모기지시장에서 '약탈적 대출'에 대한 규제·감독을 강화하고 증권화의 위험의 책임소재를 명확히 해서 위기를 관리할 수 있는 장치를 마련해야 한다는 것이다. 아울러 전창환(2009a; 2009b)은 경영자의 모험적 자금운용을 예방하기 위해 기업의 지배구조를 개혁할 것을 요구한다. 이들이 신용의 증권화와 겸업은행의 기능 자체를 부정하지 않는다면, 장상환(2008)과 정재환(2009)은 좀 더 급진적으로 증권화의 축소 또는 금지와 겸업화의 폐지를 주장한다.

또 금융억압을 현실화하기 위해서는 국제적 자본이동을 규제·감독해야 한다는 주장도 제기된다. 정재환(2009)은 주요20개국과 국제통화기금을 개혁하여 자본이동을 통제하고 금융시장의 거품을 예방할 수 있는 장치를 만들자고 제안한다. 나아가 김의동(2009)은 브레튼우즈체제에서 설립된 국제기구들은 선진국과 금융의 영향력으로부터 자유롭지 못하다고 비판하면서 '민주적이고 공정한' 방식으로 국제적 금융규제·감독과 환율변동에 대한 국제공조를 수행해야 한다고 주장한다. 이를 위해 국제통화기금, 세계은행(World Bank), 세계무역기구(WTO) 등을 국제연합(UN)으로 통합하여 '새로운 세계적 통치성'을 구성해야 한다는 것이다. 물론 국제연합의 실정을 고려할 때 이러한 제안은 주관적 희망에 불과한 것이다.

금융억압론에서 규제는 곧 의회의 입법을 의미하고, 감독은 정부에 의한 집행을 의미한다. 따라서 금융억압의 구체적 수준과 방식에 대한 견해의 차이에도 불구하고 케인즈주의자들은 금융억압의 국내적·국제적 수단을 입법과 집행의 '정치적 의지'에서 찾는다는 점에서 공통점을 갖는다. 이들은 금융의 정치적 압력을 제어할 수 있는 정치구조를 확립하거나 정치적 세력관계를 변화시키자고 제안하는 것이다(정재환, 2009; 전창환, 2010).

그런데 금융억압만으로 실물경제의 위기를 극복할 수 없기 때문에 케인즈주의는 수요를 자극하여 실물경제를 부양하기 위한 재정정책을 강조한다. 케인즈주의의 논리에 따르면, 공급이 아니라 수요, 즉 생산이 아니라 소비가 경제성장의 원동력이다. 따라서 수요를 진작시킬 수 있는 임금인상과 총고용보장이 경제성장을 위한 대안이 된다. 이런 관점에서 김기원(2008), 장상환(2008), 윤진호(2009), 이정우(2009) 등은 정부가 최저임금을 인상하고 적극적 재정지출을 통해 고용을 창출하며 사회보장을 강화해야 한다고 주장한다.

금융억압과 적자재정이라는 케인즈주의적 대안은 뉴딜의 전례를 따라 영·미식 자본주의를 개혁하자는 진보주의적 이념을 이론적으로 체계화한 것이다.[19] 그러나 이들의 가정과 달리 금융억압은 단순한 정치적 의지로 실행될 수 있는 문제가 아니다. 그것은 고유한 구조적 조건을 전제로 하기 때문이다. 20세기 초의 '2차 산업혁명'을 통해 이윤율이 장기적으로 상승하고 있었던 1930년대에 금융억압을 통한 경제성장이 가능했던 것과 달리 이번 금융위기는 이윤율이 장기적으로 하락하는 상황에서 발생했으므로 금융을 억압한다고 해서 새로운 경제성장이 출현할 수는 없다. 이런 관점에서 볼 때, 이번 금융위기를 해결하기 위해 케인즈주의로 복귀하자는 케인즈주의적 주장은 시대착오적이다. 이미 1970년대에 이윤율 하락에 대한 반작용으로 금융이 해방되고 실물경제적 축적이 금융적 축적으로 대체된다. 이에 따라 금융적 축적을 뒷받침하는 신자유주의적 정책개혁이 실행되는 것이다.

금융억압뿐만 아니라 적자재정도 구조적 위기에 대한 대안이 될 수는 없다. 왜냐하면 20세기 초처럼 이윤율을 장기적으로 상승시킬 수 있는 기술혁신의 전망이 존재하지 않는 한, 임금인상과 재정적자에 기초한 수요의 증가는 단기적 효과만 가질 뿐이기 때문이다.[20] 게다가 비생산적 정부지출은 장기적으로 자본축적과 경제성장을 둔화시키고, 결국 재정위기를 초래할 수 있다. 적자재정을 확대하자는 케인즈주의적 주장은 '정치적으로 올바를지'(politically correct) 몰라도 경제적으로는 오류라고 할 수밖에 없다.

비교자본주의론

비교자본주의론은 '자본주의의 다양성'이라는 관점에서 이번 위

19) 이런 점에서 케인즈주의는 영·미식 자본주의가 아니라 다른 유형의 자본주의를 추구하는 비교자본주의론의 진보주의와 구별된다.

20) 또한 최저임금의 인상이라는 대안도 문제인데, 그것은 자본주의의 성장기에도 최저임금을 받는 불안전한 노동자와 상대적으로 안전한 고임금 노동자의 분할을 영속화하는 경향이 있기 때문이다.

기를 자본주의의 구조적 위기가 아니라 '영·미식 금융자본주의'의 위기로 인식한다. 이들은 자본주의의 유형을 '자유주의적 시장경제'와 '조정된 시장경제'로 구분하면서 금융자본주의로 귀결된 전자가 아니라 후자를 옹호한다. 조정된 시장경제에서는 국가가 케인즈주의적 정책보다 더 강력하고 직접적인 방식으로 시장을 조정하기 때문에 더 안정적인 경제성장을 보장한다는 것이다. 특히 이들은 중국의 부상에 편승하면서 과거 동아시아 경제의 경험에 주목하고 또 국가주도의 성장정책과 지역적 경제협력을 제안한다.21)

장하준(2008)은 신자유주의가 영·미식 자본주의를 보편적 모델로 선전하고 선진국에게만 유리한 자유무역을 옹호할 따름이라고 비판하면서 그 대안으로 1960-70년대 동아시아, 특히 남한의 발전국가에 주목한다. 그는 국가의 산업발전전략에 기초한 선별적 산업정책과 금융에 대한 국가통제를 제안하고, 무역과 환율에 대해서도 국가통제를 옹호한다. 나아가 그는 국가가 시장을 통제하던 과거에는 금융위기가 발생한 적이 없다고 주장하면서 수출주도의 성장과 금융안정을 추구하는 중국의 환율정책을 긍정적으로 평가한다.

최태욱(2009)은 주요20개국의 창설을 미국의 패권이 쇠퇴하는 징후로 해석하면서 '민주적 조정시장경제'에 기초한 동아시아 지역통합을 강화할 필요가 있다고 주장한다. 그는 정태인(2008, 2009)과 함께 달러에 대한 의존도를 축소하고 아시아 통화의 결합을 강화해야 한다고 주장하면서 아시아통화기금(AMF)의 설립과 아시아통화단위(ACU)의 도입을 제안한다. 또 미국의 소비위축에 대응해서 동아시아 내수시장을 확대하기 위한 통상협력을 강화하자고 주장한다.

---

21) 비교자본주의론은 동아시아 자본주의의 장점에 대한 논의로 국한되지 않는다. 예를 들어, 케인즈주의와 비교자본주의론을 절충하는 조복현(2009)은 자본시장 중심의 금융구조를 은행 중심의 금융구조로 대체하자고 제안하면서 자본시장이 발달하지 않았던 유럽식 금융제도로의 복귀를 주장한다. 이처럼 유통시장으로서 증권시장을 사실상 폐지하자는 주장은 증권시장에 기초해서 발전·심화되어온 금융세계화의 역사적 추세를 무시한다는 점에서 시대착오적이다.

그런데 그는 동아시아가 경제적으로는 통합을 추진하면서도 정치·군사적으로는 미국을 포함하는 다자주의체제를 확립해야 한다고 주장한다. 그는 이수훈(2008)과 함께 패권주의적인 '네오콘 시대'가 종식되고 오바마 정부가 출범한 이후 동아시아는 미국으로부터 더 큰 정치·군사적 자율성을 획득할 것이라고 예상한다. 이런 맥락에서 그는 남한이 한-미동맹을 유지하면서도 한반도 분단의 해결을 주도함으로써 북한을 동아시아 지역공동체의 구성원으로 포용해야 한다고 주장한다.

그러나 이 같은 제안들은 자본주의의 지배적 형태와 종속적 형태를 구별하지 않는 결함이 있다. 이로 인해 유럽과 아시아의 발전이 미국의 성장에 의존하는 추월전략에 불과하다는 사실을 간과하는 것이다. 특히 1970년대 동아시아의 '발전국가'는 미국의 '역개방정책'(reverse open-door policy)에 의존한 것이다. 그리고 이들이 암묵적으로 전제하는 중국의 경제기적은 일본이나 독일에서 수입한 부품·소재를 저임금 노동력을 활용하여 조립·가공함으로써 미국을 비롯한 선진국으로 수출하는 중계무역에 기초한 것이다. 또 중국이 세계무역기구에 가입한 이후에는 미국이나 일본의 초민족기업이 중국의 수출의 절반 정도를 담당하면서 경제성장을 주도한다. 게다가 2000년대 중국의 환율정책은 평가절하를 통해 수출을 장려하는 '근린궁핍화'(begger thy neighbor) 정책이므로 일반화될 수 없다.

비교자본주의론의 기대와 달리, 주요20개국은 미국의 쇠퇴를 표현하는 것이 아니라 미국의 헤게모니를 다자주의적 방식으로 실현하는 새로운 '세계적 통치성'이다.[22] 게다가 중국과 일본의 지역적 갈등을 조정할 수 있는 방안이 없는 한, 동아시아 지역통합이라는 구상은 비현실적이다. 또 북핵 문제에 더 강경한 입장을 고수하는 점만 고려하더라도 오바마 정부가 출범한 이후에 동아시아의 정치·

---

22) 최태욱(2009)은 미국의 패권을 일방주의와 동일시하면서 미국의 일방주의와 다자주의를 대립시킨다. 그 결과 그는 미국의 일방주의와 다자주의가 헤게모니가 관철되는 두 가지 방식이라는 사실을 인식하지 못한다.

군사적 자율성이 확대될 것이라는 인식도 객관적 근거가 없다. 또 미국의 정치·군사적 역할을 인정하면서 동아시아 경제협력을 강화하자는 주장은 아시아태평양경제협력체(APEC)를 아시아태평양자유무역지대(FTAAP)로 발전시키려는 미국의 정책을 간과한다.

국유화론

케인즈주의나 비교자본주의론과 대조적으로 구좌파적 마르크스주의는 위기에 대한 자본주의적 해결의 불가능성을 강조한다(다함께, 2008a; 채만수, 2008a; 박성인, 2009; 오세철, 2009). 대신 볼셰비키 혁명의 경험에 기초하여 전위정당의 건설(사노준, 2008; 오세철, 2009; 징싱진, 2009)과 국유화 또는 '사회화'(박성인, 2009; 김성구, 2010) 노선이라는 대안을 제시한다.

김성구(2010)는 금융자산 소유자들의 손실부담과 희생을 전제로 해서 은행을 '사회화'하자고 주장한다. 이러한 의미에서 진보적 사회화는 곧 구제금융을 통한 국유화를 의미한다. 마찬가지로 장상환(2008)도 은행의 국유화를 옹호한다. 이들에 따르면, 국유화된 은행은 이윤의 논리에 지배되지 않고 '국민경제의 재생산을 관리하는 계획기구'의 일부가 될 것이다. 특히 장상환은 국유화된 은행이 투자를 안정화함으로써 시장경제의 불균형을 사전에 조절할 수 있다고 주장하면서 이를 '투자의 사회화'라고 부른다.

나아가 박성인(2009)은 금융기관뿐만 아니라 공적 자금이 투입된 기업이나 국민경제에 막대한 영향을 미치는 기업에 대한 '사회화'와 '노동자·민중의 통제'를 옹호한다. 그러나 여기서 그는 사회화가 국가에 의한 몰수인지 아니면 부실기업에 대한 구제금융인지 분명하게 밝히지 않는다. 또 사회화된 기업에 대한 노동자·민중의 통제를 실현할 수 있는 구체적 방안도 언급하지 않는다.

이와 달리 양효식(2009), 오세철(2009) 등은 국가에 의한 몰수로서 국유화를 사회주의적 대안으로 옹호하고, 이를 달성하기 위해서는 노동자계급의 혁명적 전위정당을 건설하여 국가권력을 장악해야 한다고 주장한다. 그러나 이들은 국유화가 국가자본주의로 귀결된 현실사회주의의 역사적 경험에 대한 어떤 비판적 평가도 제시하지 않는다.

반면 정성진(2009)은 현실사회주의의 한계를 스탈린의 관료주의에서 찾으면서 그 대안으로 '참여계획경제'를 제안한다. 참여계획경제는 중앙집권적 계획에 기초하고 시장 메커니즘을 기각한다는 점에서 시장사회주의와 구별된다. 이런 경제에서는 생산수단의 소유가 평의회소유, 사회적 소유, 국가소유라는 복합적 형태를 취한다.[23] 또 구상과 실행의 '기능적 분업'은 유지되지만, 양자를 개인에게 균형적으로 배분하는 '균형적 직군'이 도입되어 기술적 분업의 폐해는 완화된다.[24] 나아가 노동시간에 비례해서 노동증서가 배분되는 '노력에 따른 분배'의 원리가 실현된다. 또 직접민주주의에 기초한 계획위원회가 생산과 소비를 조정하고 투자결정과 관련된 이해당사자의 참여나 국민투표가 보장된다.

그러나 정성진의 논의는 참여계획경제의 여러 유형을 검토하면서 사회주의적 계획의 효율성과 참여의 민주성을 입증하는 문제에 주로 집중된다. 반면 계급투쟁의 핵심적 쟁점이 되는 소유 문제는 다양한 소유형태를 절충하는 것으로 간단하게 처리된다. 특히 평의회소유와 국가소유의 관계가 모호한데, 전위정당이 필수적이라고 주장하는 점을 감안한다면, 여전히 평의회소유에 대한 국가소유의 우위를 전제로 한다고 해석할 수 있다.

이러한 논의들에서는 공통적으로 사회화와 국유화에 대한 개념

---

23) 그는 사회적 소유를 관련 자산의 사용에 의해 영향을 받는 이해당사자들(stakeholders)의 소유로 규정한다. 반면 강남훈(2009)은 사회적 소유를 국민 전체의 소유로 규정한다.

24) 마르크스에게서 사회적 분업은 시장을 매개로 한 분업이고 기술적 분업은 공장에서 육체노동과 지식노동의 분할이다. 정성진은 양자를 혼동하면서 균형적 직군의 도입을 통해 '사회적 분업이 철폐될 것'이라고 주장한다. 그러나 계획을 통해 사회적 분업이 철폐되고 균형적 직군의 도입을 통해 기술적 분업의 폐해가 완화될 것이라고 하는 것이 정확할 것이다.

적 혼란이 발견된다. 『자본』에서 마르크스는 노동자연합에 의한 '소유의 사회화'를 공산주의의 경제적 토대로 제시한다. 이런 의미의 사회화는 『공산주의자 선언』에서 이행강령으로 제시된 국유화와 구별된다. 또 마르크스는 국가에 의한 몰수를 의미하는 프롤레타리아적 국유화와 국가에 의한 주식구매를 의미하는 부르주아적 국유화를 구분한다. 후자는 민간자본에 대한 국가의 지분참여를 의미하고 또 국유화가 반드시 국영화를 의미하는 것도 아니다. 이번 위기에 대한 정책대응에서 드러난 것처럼 국가소유와 민간경영이 결합될 수도 있기 때문이다.

한편 부르주아적 국유화는 적자재정을 의미하는 케인즈적 '투자의 사회화'와 아무런 관계도 없다. 그런데 구좌파적 마르크스주의자들은 국유화를 사회주의의 핵심 내용으로 제시하면서도 대부분 부르주아적 국유화를 대안으로 채택하고, 이를 '사회화'라고 부른다. 은행을 비롯한 부실 금융기관에 대한 진보적 사회화와 그에 기초한 경제적 계획화가 대표적 사례다(장상환, 2008; 김성구, 2010). 사실 이런 입장은 유럽의 금융제도를 준거로 해서 마르크스주의와 비교자본주의론을 절충한 것일 따름이다. 그러나 2차 세계전쟁 이후 유럽의 경험에서 드러난 것처럼, 중앙은행, 나아가 은행의 국유화가 사회주의로의 이행을 의미하지는 않고, 오히려 국가에 의한 '관치금융'으로 귀결될 수 있다. 이와 달리 미국의 연준은 국유화되지 않은 채 중앙은행으로 기능하면서 효과적으로 통화정책을 실행한다. 나아가 재무부와 중앙은행에 의해 규제·감독되는 은행은 공공성을 위한 기능을 수행한다. 문제는 중앙은행과 은행의 형식적인 법적 소유가 아니라 실질적인 경제적 기능인 것이다.

반면 프롤레타리아적 국유화를 주장하는 논자들은 그것의 역사적 한계에 대해 반성하지 않는다. 현실사회주의의 실패는 전위정당이 주도하는 국유화나 계획경제가 마르크스적 의미의 사회화, 즉 평의회에 의한 소유의 사회화와 양립할 수 없다는 점을 증명한다. 전위정당과 국가의 지배로 인해 평의회소유는 억압되고 결국 노동자계급은 생산에서 소외되었던 것이다. 그러나 구좌파는 국가자본주의의 권력기관으로 변형된 전위정당의 모델을 답습할 따름이다. 정세적 조직으로서 전위정당을 원칙적 조직으로 격상하면서 노동자운동을 도구주의적으로 사고하기 때문이다.

한편 금융위기의 결과로 제국주의 사이의 경쟁과 제3세계에 대한 수탈이 격화될 것이라고 예상하면서 이에 적극적으로 대응할 필요가 있다는 주장도 제기된다. 김명호(2009)는 '미국 제국주의가 경제위기를 앞세워 새로운 침략과 약탈 질서를 확립하려고 한다'고 진단하면서 경제위기의 극복을 위한 투쟁은 반미투쟁과 자주통일투쟁과 결합해야 한다고 주장한다. 그는 이런 투쟁을 '반제국주의 계급투쟁'이라고 부른다. 노동자운동이 미국의 투기자본에 봉사하는 대외종속적 경제정책과 주한미군이나 '한-미전쟁동맹'에 대항하여 직접적으로 투쟁해야 한다는 것이다. 그는 제국주의 반대, 미국 반대, 이명박 정부 반대를 근본적 변혁투쟁의 과제로 제시하면서 노동자계급 중심의 '민중집권' 전략을 주장한다.

반제투쟁이라는 문제의식은 민족주의자에게만 국한되지 않는다. 생디컬리즘 성향의 김승호(2008)도 불황이 지속되면 제국주의와 식민지, 패권적 제국주의와 비패권적 제국주의 사이의 모순이 격화될 것이기 때문에 사회주의로의 변혁은 제국주의를 타파 또는 후퇴시키는 과정과 결합되어야 한다고 주장한다. 그는 반제국주의의 주된 동력을 '세계 노동자계급 국제연합'으로 설정하면서 '전지구적 자본주의'라는 현실에 조응하는 노동자 국제주의를 주장한다.

그러나 민족해방이라는 관점에서 제기되는 반제투쟁은 세계경제로부터의 분리와 고립을 의미할 수 있다. 이 때문에 노동자 국제주의에 기초한 국제적 연대가 요구되는 것이다. 그렇지만 노동자 국제주의에 대한 당위적 호소는 무의미하고, 그 원칙이 어떻게 실현될 수 있는지를 설명해야 한다. 나아가 제국주의라는 통념이 금융세계화와 평행하는 군사세계화에 대한 인식을 가로막는 것처럼 반제투쟁은 평화주의라는 쟁점을 모호하게 만든다. 군사세계화는 식민지

분할과 재분할을 둘러싼 제국주의 열강의 전쟁이 아니라 세계적 통치성으로의 포섭과 배제를 둘러싼 전쟁을 수반하고, 이런 맥락에서 한반도의 군사적 긴장이 고조될 수 있다. 이 때문에 국제주의 이념을 구체화한 새로운 평화운동이 요구되는 것이다.

기본소득론

구좌파적 대안의 취약성을 극복하려는 시도로서 최근 부상하고 있는 기본소득론은 모든 시민에게 보편적 기본소득을 제공하자고 주장한다. 벨기에의 '분석마르크스주의자' 반 파레이스가 제안한 기본소득론은 소유형태와 생산관계를 문제삼지 않는 대신 분배방식을 변형시킴으로써 너 높은 수준의 생산성과 자본축적을 유지하면서도 '더 평등한 자본주의'를 달성하고 공산주의를 '예비'할 수 있다고 주장한다. 최근에는 특히 유럽에서 사회보장제도에서 자산조사나 노동강제 조항을 제거함으로써 '보편주의적 사회보장급여'를 실현하려는 노력의 일환으로 기본소득론이 확산된다.

국내에서는 이수봉(2009, 2010)과 곽노완·강남훈(2009)이 이를 급진화하여 이행전략으로 변형할 수 있다고 주장한다. 이들은 고용보장과 최저임금·생활임금을 중심으로 하는 대안들이 '노동중심의 소득모델'을 극복하지 못한다고 비판한다. 또 기존의 노동 개념이 생산적 노동자에 국한되어 있고, 노동해방이 '노동으로부터의 해방'을 사고하지 못한다고 비판한다.[25] 이에 따라 이들은 반 파레이스와 달리 생산성 향상이 아니라 '노동으로부터의 해방'을 옹호하고, 평등한 자본주의가 아니라 공산주의로의 이행을 주장한다.

곽노완(2010)은 반 파레이스의 모델이 피고용자의 소득에 대한

---

25) 곽노완·강남훈은 '탈노동주의'를 정당화하기 위해 네그리의 '비물질노동', '사회노동자', '사회임금' 개념을 수용한다. 그러나 반 파레이스의 기본소득론이 자본주의에서 생산력을 발전시켜 공산주의로의 이행을 예비하자는 문제의식에 기초하는 반면 네그리의 노동거부론은 이미 생산력이 성숙했으며 따라서 공산주의로의 즉각적 이행이 가능하다는 문제의식에 기초한다.

과세를 통해 재원을 조달한다고 비판하면서 불로소득(이자, 배당, 지대)과 투기소득(부동산양도차익, 증권양도차익, 환차익)에 더 많이 과세해야 한다고 주장한다. 또 그는 케인즈가 1940년대에 제기했던 것 같은 세계단일화폐를 도입하여 그 일부를 세계적 기본소득의 재원으로 활용하자고 제안한다.[26] 나아가 세계단일화폐는 강대국이 발권이익을 통해 약소국으로부터 조공을 수취하는 '제국적 수탈'을 막는 유일한 수단이라고 주장한다(곽노완, 2008b).

나아가 곽노완(2008a, 2010)은 은행을 국유화한 이후 은행의 자산과 연금기금을 '사회연대기금'으로 전환하고 이를 통해 모든 기업의 주식을 매입하자고 제안한다. 이렇게 설립될 '국가지주회사'의 이자와 배당 전액을 기본소득의 재원으로 통합하자는 것이다. 그는 특히 지배주주인 사회연대기금의 권한을 이용하여 배당을 하지 않는다는 사회적 합의를 이루어 낼 경우에는 자본주의가 사실상 폐지된다고 주장한다. 그는 이런 사회에서 사회의 모든 구성원에게 '욕구에 따른 평등한 분배'가 실현될 것이라고 예상한다.

한편 강남훈(2009)은 기본소득론과 자신의 고유한 '연대사회론'을 결합한다. 그는 자본주의 내부에서 좌파정당이 집권하여 사회주의로의 이행을 추진하는 사회를 연대사회로 정의한다. 이행을 위해서는 기존 지배세력의 저항에 대응하면서 사회주의에 대한 국민적 합의를 형성해야 하는데, 기본소득 같은 복지의 확대가 그 출발점이 된다는 것이다. 그러나 그는 기본소득뿐만 아니라 금융기관의 국유화나 재벌해체 및 부실기업의 국유화 같은 소유형태의 변화도 이행의 과제로 제시한다. 이 때문에 개헌을 통해 '사회적 소유'를 확립한 베네수엘라가 연대사회의 대표적 사례로 간주된다. 헌법에 명시된 사회적 소유는 국민 전체의 소유이므로, 국가는 단지 그것을 위탁경영할 따름이라는 것이다. 그는 이러한 의

26) 화폐발행을 통한 적자재정의 충당이라는 구상은 보편적 등가물로서 화폐의 본질을 부정하는 명목론적 화폐관의 귀결이다. 이런 관점은 화폐를 추상노동이라는 가치실체의 표현으로 간주하지 않고 국가가 강제하는 일종의 관습으로 이해한다.

미의 사회적 소유가 국가소유로서 '공적 소유'나 기업·협동조합의 '집단적 소유'와 구별되는 '진정한 사회주의적 소유'이고, 관료주의에 의해 타락한 국가소유에 대한 대안이라고 주장한다.

기본소득론이 제시하는 대안사회는 실행가능성이 없을 뿐만 아니라 탈노동의 유토피아에 기초한다는 점에서 마르크스의 이념과 대립된다. 노동으로부터의 해방과 무상소득이라는 포스트모던한 이념은 노동자의 자기소유로서 노동권과 양립할 수 없기 때문이다. 또 조세와 복지를 확대함으로써 공산주의를 예비한다는 구상은 자본축적의 감속과 재정위기의 위험을 고려하지 않는다.

기본소득론의 이행전략은 특히 대안사회의 소유 문제를 생산관계가 아니라 법의 문제로 간주하는 결함이 있다. 곽노완(2008a)은 국가지주회사의 설립과 기업주식의 구매를 통해 기존의 생산관계와 상품-화폐관계를 유지하면서도 공산주의로 이행할 수 있다고 주장한다. 국가지주회사가 모든 기업을 지배하는 사회의 생산관계에 대해서는 어떤 논의도 제시하지 않는 것이다. 강남훈(2009)도 주식의 구매를 통해 재벌해체와 국유화를 추진할 수 있고 또 헌법의 변화가 현실의 변화를 초래할 것이라고 주장한다. 그러나 대안적 생산관계가 확립되지 않는다면, 사회적 소유라는 헌법적 규정이 존재한다고 해도 소유의 사회화가 실현될 수는 없다.

기본소득론은 이념적·이론적 난점뿐만 아니라 또한 실천적으로도 노동자운동을 상대화하는 문제점을 보인다. 이수봉(2010)은 마르크스주의가 부당하게 프롤레타리아의 변혁능력을 특권화하면서 모더니즘적 담론에 포획되었다고 주장한다. 또 곽노완(2010)은 학생, 빈민, 주부, 장애인, 노숙자가 비록 착취를 당하고 있지는 않지만 경제적 권력으로부터 배제됨으로써 노동자보다 더 많이 '수탈'당하고 있다고 주장한다. 이들은 모두 기존의 노동자운동이 노동중심주의로부터 탈피해야 한다고 주장한다. 그러나 이러한 주장은 사실상 노동자계급의 분할을 조장할 뿐만 아니라 심지어 노동자운동을 공격하는 수단이 될 수 있다.

정세적 대안

경제위기에 대한 좌파의 정세적 대안은 즉각적으로 실행할 수 있는 요구와 계획으로 구성된다. 특히 케인즈주의와 마르크스주의는 자신의 이념적 대안을 구체화하면서 몇 가지 지점에서 쟁점을 형성한다. 또 민주노동당, 진보신당, 민주노총도 경제위기에 대응하는 긴급대책과 활동계획을 제출한다.[27]

케인즈주의는 기본적으로 장기적 대안을 사고하지 않기 때문에 금융억압, 임금인상, 총고용보장이라는 이념적 대안이 곧바로 정세적 대안으로 이어진다. 이는 정치·이데올로기적 상황에 따라 그 강조점이 달라지는데, 남한에서는 특이하게도 '사회공공성'이라는 관념과 결합된다.

윤진호(2009)는 개별사업장의 구조조정반대투쟁을 넘어서 사회공공성의 강화를 통해 '자본주의 시장의 변동성'에 대응해야 한다고 주장한다. 그는 민주노총이 보건의료와 교육의 사회공공성, 연금을 포함한 최저소득의 보장과 사회복지의 강화, 사회적 서비스를 중심으로 하는 일자리 창출 등을 요구해야 한다고 주장한다. 같은 맥락에서 장상환(2008)도 사회보장의 확대에 초점을 맞추어 재정지출을 확대하고 또 저소득층의 소비를 촉진해야 한다고 주장한다. 김태현(2008), 김명희(2009), 임승철(2009), 정성희(2009) 같은 많은 활동가들도 유사한 입장을 공유한다.

이들은 실질임금과 복지수준의 하락을 방지하고 노동자의 구매력을 통해 내수를 진작함으로써 위기를 극복할 수 있다고 가정한다. 그러나 내수진작을 위한 재정정책은 단기적으로 효과가 있을지 몰라도 장기적으로는 자본축적을 저해할 수 있다. 게다가 현재

---

27) 정세적 대안에서 비교자본주의론은 케인즈주의적 금융억압과 결합되고, 기본소득론은 기본소득 캠페인을 제외하면 경제위기에 대응하는 고유한 정책을 제시하지 않는다.

의 상황에서는 재정위기의 위험을 가중시킴으로써 금융적 불안정성을 더 심화시킬 수 있다.

사회공공성이라는 관점은 또한 금융공공성으로 확장된다. 이한진(2008), 장상환(2008), 정태인(2008, 2009) 등은 케인즈주의와 비교자본주의론을 절충하면서 금융을 '공공재'로 규정한다. 이한진에 따르면, 금융기관은 애당초 공적 성격을 띠고 그 설립과 활동방식이 국가에 의해 규제·감독되기 때문에 자유경쟁의 시장논리가 성립하지 않는다. 같은 관점에서 장상환은 금리 인하, 채무자 보호, 금융거래 과세 등을 주장하면서 금융에 대한 통제를 확대하자고 제안한다.[28] 또 정태인은 정부가 주택이나 부동산 같은 자산가격을 하향 안정화시키는 정책을 실행해야 한다고 주장한다.

그러나 이러한 요구는 금융화라는 자본축적의 변화를 고려하지 않는 데다가 금융억압의 메커니즘에 대한 오해에 기초하고 있어서 실행가능성이 없다. 실행가능한 정세적 대안은 오히려 중앙은행에 대한 통제를 강화하는 것이다. 즉 의회가 재무부를 매개로 중앙은행을 통제함으로써 물가안정과 동시에 고용안정을 달성해야 하는 것이다. 그렇지만 한국은행의 독립을 진보로 간주하는 이들은 이것을 대안으로 사고하지 않는다. 금융공공성 확보라는 주장은 실행가능성을 고려한 대안이라기보다는 이명박 정부에 대한 정치적 공세수단이기 때문이다.

이 같은 케인즈주의적 정책의 한계에도 불구하고 구좌파적 마르크스주의자는 그것의 부적합성을 비판하지 못하고 단지 원칙적으로 기각한다. 이들의 대안은 정세적 대안으로 구체화되지 못한 채 이념적 입장에 머무를 따름이다. 이러한 한계는 또한 이념적 대안과 정세적 대안의 괴리로 귀결된다.

박성인(2009)은 생존권 투쟁을 자본과 국가에 대한 노동자계급의 공동투쟁으로 '질적으로' 전환시켜야 한다고 주장하면서도 그

---

28) 장상환은 궁극적으로 은행의 국유화에 기초한 투자의 사회화를 옹호하면서도 정세적으로는 케인즈주의적 요구를 활용할 필요가 있다고 주장한다.

것을 위한 구체적 방안을 제시하지 못한다. '반이명박 전선'이 아니라 '반신자유주의·반자본주의 전선'을 형성해야 한다고 당위적으로 선언할 따름이다. 사실 대부분의 마르크스주의자는 고용보장, 노동시간단축, 생존권쟁취 등을 현실적 투쟁목표로 제시하면서도 이것이 어떻게 '사회주의 건설'로 이어지는지 설명하지 못한다.29)

그런데 트로츠키주의자들은 이 같은 괴리를 오히려 정당화한다. 이들은 불황기에 자본주의가 생존권 요구라는 최소강령조차도 수용할 수 없기 때문에 최소강령이 곧 최대강령일 수 있다는 1930년대 트로츠키의 주장을 그 논거로 삼는다. 정성진(2008)은 경제위기라는 정세에서 생활임금이나 고용보장 같은 생존권 요구조차 '반자본주의적 변혁'으로 나아가는 가교가 될 수 있다고 주장한다. 또 그는 불황기라는 조건을 고려할 때, 케인즈주의적 요구도 노동자·민중의 생활수준 개선과 계급의식 고취에 기여한다면 '이행강령의 관점에서' 그것을 쟁취해야 한다고 주장한다.30)

양효식(2009)은 이행강령이 자본주의가 결코 완전히 수용할 수 없는 요구인 동시에 노동자계급의 공세적 투쟁을 위한 지침이 될 수 있는 요구라고 주장한다. 이행강령은 노동자에게 정치권력을 쟁취하기 위한 투쟁의 필요성을 인식시킬 수 있는 투쟁요구안들로 구성되어야 한다는 것이다. 이런 관점에서 그는 모든 형태의 해고 금지와 '노동조건 저하 없는 노동시간 단축을 통한 일자리

29) 사회진보연대(2008a, 2008b)는 사회화, 노동자통제, 대안세계화 등을 이념적 대안으로 제시하는 동시에 금융억압, 최저임금 인상, 정액임금 인상 등을 정세적 대안으로 제시한다. 그러나 이념적 대안과 정세적 대안이 어떻게 결합되는지는 설명하지 못한다. 또 임금격차를 영속화하는 최저임금 인상과 임금격차의 축소를 지향하는 정액임금 인상이 동시에 나열되는 등 정세적 대안도 통일성을 결여하고 있다.

30) 정성진(2009)은 '대안적 경제전략'이 이행강령의 문제의식을 구체화한다고 주장한다. 그러나 여기서도 그는 국유화에서 기본소득에 이르는 다양한 전략과 생존권 요구가 모두 대안적 경제전략에 포함될 수 있다고 주장할 따름이다. 동일한 맥락에서 다함께(2008a; 2008b)도 '경제위기 상황에서 일자리, 생활수준, 주택을 방어하기 위해 한-미자유무역협정, 민영화, 비정규직법 개악, 자본시장통합법 등에 도전할 필요가 있다'고 주장한다.

나누기'에서 출발해서 '은행·재벌대기업의 몰수·국유화'와 '노동자 정부수립'에 이르는 6개의 단계적인 '대중적 행동강령'을 제시한다.

그러나 불황기에 생존권 투쟁이 반자본주의 투쟁이나 권력쟁취 투쟁으로 발전한다는 주장은 생존권 요구가 케인즈주의로 포섭된 1930년대에 이미 오류로 판명 났고 지금도 현실성이 없다. 『공산주의자 선언』의 이행강령은 지배계급이 수용할 수 없는 요구가 아니라 최소강령과 최대강령을 매개하는 정세적 요구를 의미한다. 반면 트로츠키주의적 이행강령은 기껏해야 정치적 전망을 결여한 전투적 생존권 투쟁으로 귀결될 뿐이므로, 노동자계급의 단결을 오히려 약화시킬 수 있다. 그것은 사실상 전위정당이 대중을 동원하는 수단에 불과하기 때문이다. 그리고 바로 이런 이유에서 이들의 활동은 현실에서 대중의 외면을 자초하는 경향이 있다.

민주노동당(2008)과 진보신당(2008)은 '민생지원' 또는 '서민 살리기 긴급대책'과 금융규제 강화를 정세적 대안으로 제시한다. 민주노동당은 정부가 '과도한 사회간접자본 투자예산을 삭감하고 부자감세를 폐기함으로써 15조원 정도의 예산을 확보해서 민생을 지원해야' 한다고 주장한다. 이들은 특히 '노동자만의 요구'를 반영하는 총고용보장보다는 오히려 가구소득의 보전이라는 '범국민적 요구'를 강조한다. 불황기에는 가구소득의 총액을 늘리는 것이 어렵기 때문에 교육비, 의료비, 주거비, 수도·전기세 등을 인하하여 가처분소득을 증가시키는 정책이 필요하다는 것이다(박승흡, 2009). 같은 맥락에서 진보신당도 '서민 살리기'에 100조원을 투입하자고 제안하고, 나아가 이를 실행하기 위해 '복지동맹'을 확대해야 한다고 주장한다(정종권, 2009). 또 국회의 감시를 받는 100조원 규모의 공적 자금을 조성하고, 금융기관을 구제할 경우에는 고용을 보장하고 지배구조를 개혁하여 사회공공성을 강화하자고 제안한다.

그러나 사회보장을 확대하자는 주장은 정치적 지지를 획득할 수 있지만 경제적으로는 실행가능성이 없다. 게다가 그것은 금융위기에 대한 대안을 조세와 예산의 배분을 둘러싼 협소한 투쟁으로 축소시키는 효과를 갖는다. 사회공공성을 강화하자는 주장도 현상유지를 지향하는 공공부문의 코퍼러티즘적 요구와 공명할 따름이다. 지금 필요한 것은 금융기관의 구제에 필요한 공적 자금을 조성하는 것이 아니다. 이미 금융기관의 부실에 대비하여 금융위원회 산하에 70-80조원 규모의 구제금융기금이 조성되어 있다는 사실을 고려할 때, 국회의 주도 아래 구제금융기금을 확보하자는 제안이 특별히 진보적인 대안은 아니라고 할 수 있다. 문제는 기획재정부와 한국은행을 중심으로 해서 금융기관을 규제·감독하고 그 지배구조를 개혁할 수 있는 제도적 장치를 마련하는 것이다.

진보정당들은 이번 위기를 단순히 금융투기의 결과로 파악하면서 케인즈주의적 대안을 무비판적으로 수용하는데, 이는 '반이명박 전선'을 부각시키려는 정치적 의도에서 비롯된 것이다. 그러나 케인즈주의에 경도된 대안이 단순히 정치적 공격을 위한 정세적 선택의 결과인지 아니면 이념적 혼란의 결과인지 불분명하다. 그러나 정세적 대안과 이념적 대안을 매개할 수 있는 이행강령이 결여되어 있음을 감안한다면, 이들의 정세적 대안이 이념적 혼란을 표현한다고 해석할 수 있다.

이 같은 측면에서는 민주노총(2009)도 마찬가지다. 경제위기에 대한 민주노총의 대응방향은 총고용보장과 사회안전망이라는 축과 신자유주의의 극복을 위한 대안이라는 축으로 구성된다. 총고용보장을 위해서는 노동시간단축과 공공부문의 고용창출을 중요한 대안으로 제시하고, 신자유주의 극복을 위해서는 금융과 재벌에 대한 규제를 강화하고 최저임금인상이나 사회복지확대를 통해 내수기반을 확대할 것을 요구하고 있다(김태현, 2008).

특히 민주노총은 총고용보장을 주요 과제로 설정하면서 노동시간단축과 공공부문의 고용창출에 덧붙여 고용안정특별법과 고용안정협약을 핵심적 요구로 제시한다. 총연맹 차원의 정치적 요구로서 고용안정특별법은 고용유지지원금의 확대와 해고회피기업에 대한 재정지원의 확대를 골자로 한다. 동시에 산업별·기업별 단체

협상에서 고용안정협약을 체결하고 고용안정위원회를 신설하여 비정규직을 포함하는 총고용을 유지하기 위한 공동의 논의구조를 확보하자는 계획을 제시한다.

그러나 노동시간단축은 노동강도를 상승시키기 때문에 그것에 비례해서 임금이 상승하지 않으면 사실상 임금을 하락시킨다. 게다가 노동강도의 상승에 비례해서 임금이 상승하더라도 노동시간단축은 고용창출의 효과가 없다. 1990년대 후반 유럽에서 노동시간단축은 고용을 확대시키지 못하고 오히려 변형근로제만 확대시켰다는 사실에 주목해야 한다. 민주노총은 특히 일일 노동시간이 아니라 주간 또는 연간 노동시간의 단축을 요구하고 있는데, 이는 오히려 주어진 주간 또는 연간 노동시간 내에서 노동력을 신축적으로 활용하는 변형근로제를 확산시킬 수 있다.

또 총고용보장은 정부의 재정지출 확대에 의존하고, 최저임금 인상이나 공공부문의 고용창출은 수요확대를 통한 경기회복이라는 전망을 전제로 한다. 그러나 이러한 요구에 기초한 실용적 대응이 대불황 같은 구조적 위기에 대한 대안이 될 수는 없다. 게다가 노동자계급의 단결을 강화하기보다는 오히려 국가에 대한 의존을 강화시킬 수 있다. 이번 금융위기에서 드러난 민주노총의 무기력은 이러한 결함과 무관하지 않을 것이다.

결론

국내에서 중도좌파 성향의 논자들은 대체로 케인즈주의에 기초하여 현재의 금융위기를 분석한다. 이들은 금융위기의 원인을 금융규제의 완화에 따른 거품경제에서 발견한다. 또 모든 경제위기를 순환적 위기로 환원하기 때문에 금융을 규제하고 수요를 진작시키면 경기가 회복될 것이라고 전망한다. 그러나 이 같은 입장은 이윤율 하락에 따른 자본주의의 구조적 위기를 간과하는 것이다.

게다가 정책적 개입을 통해 경제위기를 극복할 수 있다는 사고는 1930년대의 경험을 무비판적으로 원용하는 것일 따름이다.

이와 대조적으로 급진좌파 성향의 논자들은 주로 마르크스주의에 기초하여 경제위기의 구조적 측면에 주목한다. 그러나 이들은 구조적 위기만 강조함으로써 구체적 정세를 분석하지 못한다. 경제위기가 발생할 때마다 자본주의 붕괴를 주장할 따름인 것이다. 또 1980년대 이후의 경제성장을 '허구적인 것'으로 부정하거나 아니면 과잉착취와 금융투기에 기초한 것이라고 규정하면서 도덕적으로 비난할 따름이다.

이 같은 이론적 무능력으로 인해 이들은 대안을 제시할 때도 추상적 이념만 남발할 따름이고, 정세에 적합한 구체적 대안을 사고하지 못한다. 게다가 이들이 제시하는 이념적 대안도 이미 현실사회주의의 경험을 통해 실패한 것으로 입증된 전위정당의 국유화 노선을 무비판적으로 반복하는 것이다. 마르크스주의자의 이론적·정치적 무능력은 결국 좌파 진영이 금융억압과 임금인상·고용확대 같은 케인즈주의적 정책처방을 무비판적으로 추수하는 것으로 귀결된다.

문헌해제*)

강남훈 (2009), 「신자유주의 대안의 정치」, 『민주사회와 정책연구』 15호. 한신대학교 경제학과 교수, 마르크스주의(기본소득론). 자본주의 내부에서 사회주의로의 이행을 준비하는 단계로서 '연대사회'를 신자유주의에 대한 대안으로 제시. 자본주의의 개혁을 지향하는 사민주의보다 사회주의를 지향하는 연대사회가 실행가능성이 높다고 주장. 연대사회는 택지국유화와 기본소득 같은 경

*) 문헌해제는 이태훈, 이현, 공민석이 작성한 것이다.

제제도와 국민투표·국민소환·국민발의 같은 직접민주주의의 결합을 특징으로 함.

곽노완 (2006), 「'정치경제학 비판'과 21세기 금융공황: 자본주의의 한계와 21세기의 맑스」, 『진보평론』, 29호; ——— (2008a), 「서브프라임 붕괴와 마르크스주의 공황론의 새로운 지평」, 『마르크스주의연구』, 11호. 서울시립대학교 HK교수, 마르크스주의(기본소득론). 경제위기를 '총이윤이 갑작스럽게 음이 되는 자본주의의 정상적이고 고유한 경향'으로 규정. 이윤율 하락에 따른 구조적 위기를 부정하면서 모든 경제위기를 금융위기로 환원. 이번 금융위기를 설명하기 위해 마르크스가 제시한 가공자본의 가격 방정식을 변형하여 주택담보부증권의 가격 하락을 설명할 수 있다고 주장. 아울러 대안사회의 건설을 위해 신용과 투기의 폐지, 사회적 축적기금의 조성, 세계단일화폐의 창조 등을 제안.

——— (2008b), 「달러지배체제의 위기와 21세기 코뮌주의의 한국경제 비전」, 『진보평론』, 38호. 달러지배체제를 약소국에 대한 수탈 메커니즘으로 규정하면서 이 체제가 일본과 중국의 수출달러환류 등을 통해 유지된다고 주장. 최근 고유가로 인해 물가가 상승하고 중국의 주식시장으로 투기자금이 유입됨에 따라 달러지배체제가 위기에 처했다고 진단하면서 세계단일통화를 창조해야 한다고 주장. 또 연금기금과 은행자본을 '사회연대기금'으로 전환하여 국내기업을 유상매입하는 '국가지주회사'를 제안.

——— (2010), 「노동해방과 기본소득운동」, 민주노총정책위원회, 『1등만 기억하는 더러운 세상을 뒤집어라』, 매일노동뉴스. 임금노동자 중심의 변혁론을 기각하고 '노동 안에서의 해방'과 '노동으로부터의 해방'을 동시에 추구해야 한다고 주장. 50%의 노동소득(노동에 따른 분배)과 50%의 기본소득(욕구에 따른 분배)에 기초한 경제모델을 제시. 고용된 노동자에 대한 과세로 재원을 조달하는 반 파레이스의 기본소득론을 비판하면서 불로소득과 투기소득에 대한 과세와 세계단일통화로 세계적 차원에서 기본

소득의 재원을 마련하자고 제안.
곽노완·강남훈 (2009), 「국민 모두에게 기본소득을!」, 『즉각적이고 무조건적인 기본소득을 위하여: 경제위기에 대한 진보의 대안을 말한다』, 민주노총정책연구원. 기존의 사회보장제도는 자산과 소득에 대한 심사에 기초한다고 비판하는 동시에 생활임금은 노동 중심의 소득모델이라고 비판. 반 파레이스의 기본소득론과 네그리의 비물질노동론을 절충하면서 불로소득과 투기소득에 과세하는 한국형 기본소득론을 제시.
김기원 (2008), 「세계 금융위기와 이명박 정부의 경제정책」, 『창작과 비평』, 142호. 한국방송통신대학교 경제학과 교수, 진보주의(케인즈주의). 부실대출과 증권화를 배경으로 한 금융투기와 시장만능주의, 달러의 특권적 지위에 기초한 과잉소비 등을 위기의 원인으로 규정. 한국경제는 침체가 장기화되고 양극화가 심화될 것으로 예상. 이명박 정부의 개발독재와 시장만능주의가 오히려 경제선진화를 저해한다고 주장하면서 분배구조의 개선과 민주주의의 강화를 제안.
김명록 (2008), 「증권화와 서브프라임 위기」, 『마르크스주의연구』, 11호. 서울대학교 경제학박사, 진보주의(케인즈주의). 증권화가 주택시장거품의 원인이라는 가설을 입증하기 위해 증권화율과 서브프라임 모기지발행률의 상관관계를 통계적으로 검증. 1980년대 이후 소득분배의 불평등으로 생계형 차입과 투기적 행동이 증가하고 세계적 자본순환의 불균형이 심화된 상황에서 증권화가 주택시장과 자본시장을 결합하여 거품을 형성했다고 주장.
김명호 (2009), 「현시기 노동계급의 요구와 투쟁, 그리고 과제」, 토론회 자료집 『대공황기, 진보진영의 대안은?』, 소통과혁신연구소. 민주노동자전국회의 집행위원장, 마르크스주의(반제국주의). 현정세를 미국 제국주의의 몰락과 이명박 정부의 위기로 인식. 노동자운동이 집권을 당면목표로 설정하고 반제투쟁에 나서야 한다고 주장. 이를 위해 민주노총이 민주노동당에 대한 배타적 지지방침을 고수하고 동시에 한국진보연대에 가입하여 반이명박 연대투쟁전선을 강화해야 한다고 주장.

김성구 (2008), 「맑스주의 위기론과 신자유주의 금융위기」, 『해방』, 36호. 한신대학교 국제경제학과 교수, 마르크스주의(스탈린주의). 이윤율 하락에 따른 구조적 위기와 주기적 과잉생산에 따른 순환적 위기를 구별하면서 이번 위기를 순환적 위기로 규정. '손실의 사회화'를 중심으로 하는 자본주의적 사회화에 대한 대안으로 부르주아지에게 책임을 묻는 '진보적 사회화'를 제안.

——— (2010), 「신자유주의 금융위기와 주기적 공황: 2007/2009년 위기의 성격과 전망」, 『민주사회와 정책연구』, 17호. 이번 금융위기는 생산과 소비의 불균형에 따른 주기적 과잉생산의 위기가 신자유주의적 위기 메커니즘에서 전개된 금융위기와 결합된 중층적 위기라고 규정하면서 이전의 입장을 수정. 신속한 회복과 파국이라는 두 가지 전망을 모두 비판하지만, 더블딥이 발생하더라도 결국 경기가 회복될 것이라고 예상. 금융자산소유자의 희생 아래 과잉자본을 청산하는 국가개입이 필요하다고 주장.

김승호 (2008), 「공황과 노동자투쟁」, 20차 이론·정세토론회, 사회실천연구소. 전태일을따르는사이버노동대학 대표, 마르크스주의(반제국주의). 과소소비를 금융위기의 원인으로 규정하면서 L자형 장기불황을 예상. 수요 감소를 상쇄하기 위해 군비지출이 증가할 것이고, 달러-유로기축통화체제의 출현으로 인해 미국·유럽연합·일본과 중국·러시아가 군사적으로 대결할 것이라고 예상. 코퍼러티즘을 비판하면서 생디칼리즘을 주장.

김의동 (2009), 「대안적 세계경제 지배구조 논의와 함의」, 『민주사회와 정책연구』 15호. 경상대학교 국제통상학과 교수, 진보주의(케인즈주의). 국제통화기금·세계은행·세계무역기구가 주도한 금융규제의 완화를 금융위기의 원인으로 규정. '국제적 케인즈주의'에 기초하여 국제연합을 중심으로 한 기존 기구들의 통합 또는 새로운 금융규제·감독기구의 창설을 제안.

김정주 (2008), 「세계경제 위기와 달러 헤게모니」, 『마르크스주의 연구』, 12호; ——— (2009), 「신자유주의, 세계경제 불균형, 그리고 달러 헤게모니」, 『민주사회와 정책연구』 15호. 경상대학교 사회과학연구원 연구교수, 진보주의. 신자유주의는 반노조주의와 임금억제를 통해 소비기반을 위축시키지만, 자산효과로써 이를 상쇄하기 위해 자본을 수입하는데, 이는 달러 헤게모니 때문에 가능했다고 주장. 과잉달러의 유입으로 거품경제가 형성되고, 이에 따른 과잉신용으로 이윤율의 하락이 가속된다고 주장. 서브프라임 위기로 달러위기가 시작되고, 향후 통화블록간 경쟁이 격화되거나 아니면 세계단일통화가 창조될 것이라고 전망.

김태현 (2008), 「경제위기와 민주노총의 대응방향」, 69차 노동포럼 '경제위기와 노동운동의 대응', 한국노동사회연구소. 민주노총 정책실장, 진보주의. 경제위기에 따른 자본의 반노동 공세에 맞서 공공부문의 일자리 창출, 노동시간단축을 통한 총고용의 보장·확대, 사회안전망의 확충을 핵심 요구로 제시. 금융·재벌에 대한 규제의 강화와 내수기반의 확충을 대안적 경제모델로 제시.

김호기 (2009), 「신자유주의의 위기와 한국사회의 미래」, 『비평』 22호. 연세대학교 사회학과 교수, 진보주의. 1980년대 이후 신자유주의적 규제·감독의 완화로 인한 금융시장 팽창과 정보통신혁명을 배경으로 하여 투기적 금융자본이 활동하면서 금융위기가 발생했다고 주장. 초민족적 금융자본에 대한 통제를 강조.

다함께 (2008a), 「자본주의를 대체할 대안을 발전시키자」, 『저항의 촛불』, 8호; ——— (2008b), 「한국 경제위기와 투쟁의 과제 Q&A」, 『저항의 촛불』, 9호. 마르크스주의(트로츠키주의). 1960년대 말 이후 이윤율 하락을 위기의 근본적 원인으로 규정. 은행에 대한 미국의 구제금융은 동아시아와 산유국의 달러공급에 의존하고 재정적자를 증대시키는 한계가 있다고 지적하면서 패권을 강화하려는 미국의 전략이 제국주의 열강간 충돌로 귀결될 것으로 예상. 투쟁의 주체적 조건으로 혁명적 사회주의자들의 독자조직과 동시에 좌파의 통일전선이 중요하다고 주장.
민주노동당 (2008), 「경제위기 극복을 위한 민주노동당 긴급제안」;
——— (2009), 「민주노동당의 고용·실업 대책」. 진보주의. 실업급여 확대와 저소득층 생계비 지원 등에 기초한 내수경기의 활성화를 경제위기 극복 방안으로 제시. 고용대책으로 노동시간단축을 통한 일자리나누기와 공공부문의 고용창출, 실업대책으로 전국민고용보험제를 제안.
박성인 (2009), 「토론문」, 토론회 자료집 『대공황기, 진보진영의 대안은?』, 소통과혁신연구소. 사회주의노동자정당건설준비모임(사노준) 집행위원장, 마르크스주의(트로츠키주의). 현재의 위기가 1970년대 이후 이윤율 하락에 따른 구조적 위기의 산물이자 자본주의 그 자체의 위기라고 인식. 이 때문에 케인즈주의적 정책이 아니라 '사회화'와 '노동자·민중의 통제'를 핵심으로 하는 사회주의 운동을 전면화하는 것이 대안이라고 주장. 또 이를 위해 사회주의 노동자정당의 건설을 당면과제로 제시.
박승흡 (2009), 「토론문」, 토론회 자료집 『대공황기, 진보진영의 대안은?』, 소통과혁신연구소. 민주노동당 전대변인·최고위원, 진보주의. 고용유지·확대, 임금인상 등 노조의 요구는 대공장·정규직 노동자의 이익만 반영한다고 비판하고, 진보정당은 전국민의 이익을 위해 하위계층의 소득보전을 요구해야 한다고 주장.
박하순 (2008), 「미국발 금융위기와 노동자·민중운동」, 토론회 자료집 『경제위기가 제조업에 미치는 영향』, 전국금속노조. 사회진보연대 공동운영위원장, 마르크스주의. 신용의 증권화에서 촉발된 현재의 위기를 이윤율 하락으로 인한 구조적 위기와 결합. 대규모 구제금융에도 불구하고 위기가 실물경제로 확산되어 금융기관의 회생이 불가능하다고 예상. 또 달러위기가 발생한다면, 대불황이 불가피할 것이라고 전망. 노동자·민중의 생존권 방어투쟁, 자본에 대한 사회적 통제, 민주노총의 혁신 등을 제안.
백승욱 (2009), 「역사적 맥락에서 본 신자유주의의 위기」, 『경제와 사회』, 83호. 중앙대학교 사회학과 교수, 마르크스주의(세계체계론). 아리기의 입장에서 1930년대 대불황과 이번 금융위기의 유사성을 강조하는 뒤메닐의 주장을 비판. 특히 1930년대와 달리 현재는 이윤율의 상승이 주식시장의 거품에 기초한 것이어서 새로운 축적체제가 출현하는 것은 아니라고 주장. 또 중국은 신자유주의적 전환의 압력에서 상대적으로 재량권이 있지만 이윤율의 하락을 반전시킬 만한 새로운 동역학을 보여주지 못한다는 점에서 아리기의 중국 헤게모니론을 유보.

사회주의노동자정당건설준비모임(사노준) (2008), 「경제위기, 공세적 투쟁과 운동의 혁신으로 돌파해 갈 때」. 마르크스주의(트로츠키주의). 이번 금융위기의 배후에 이윤율 하락에 따른 실물경제의 구조적 위기가 존재한다고 주장. 1930년대 같은 대불황, 달러가치의 하락, 미국 헤게모니의 쇠퇴 등이 예상되는 가운데 대안적 축적전략이 부재한 까닭에 파시즘과 전쟁의 위험이 고조될 것이라고 전망. 사회주의 노동자정당 건설을 대안으로 제시.

사회진보연대 (2008a), 「세계 금융위기에 대한 사회운동의 대안」, 『사회화와 노동』, 407호; ——— (2008b), 「세기의 경제위기와 노동자운동의 대응방향」, 『사회화와 노동』, 409호. 마르크스주의. 현재의 위기를 자본주의의 구조적 위기로 인식. 1930년대 대불황과 달리 현재 미국경제에서는 이윤율이 장기적으로 하락하는 추세임을 강조하면서 더 큰 불황이 전개될 것으로 예상. 새로운 축적체제의 부재로 인해 파국적 위기의 가능성이 높다고 지적. 사회운동의 이념적 대안으로 페미니즘·국제주의·대안세계화의 이념을 통한 노동자운동의 혁신, 정세적 대안으로 금융억압, 한시적 해고 중단 및 고용안정특별법 제정, 민주노총 차원의 중앙집중투쟁 강화, 최저임금 인상, 정액임금 인상 등을 제시.

양효식 (2008), 「자본주의는 어디로?: 세계경제 분석과 전망」, 『사회주의자』, 2호; ——— (2009), 「세계대공황과 자본의 공격에 맞선 노동자 행동강령의 원리와 방법」, 『사회주의자』, 3호. 사회주의노동자연합(사노련) 운영위원장, 마르크스주의(트로츠키주의). 이윤율 하락과 이로 인한 과잉착취·과잉축적을 투기거품의 근본적 원인으로 규정. 금융에 대한 규제·감독만으로 위기를 해결할 수 없기 때문에 달러위기를 동반한 글로벌 스태그플레이션이 발생할 것으로 예상. 트로츠키의 '이행강령'에 기초하여 일상적 투쟁을 혁명적 투쟁으로 전환할 수 있다고 주장.

오세철 (2009), 「자본주의의 총체적 위기에 맞서는 세계프롤레타리아트와 공산주의자의 과제」, 『사회주의자』, 3호. 사노련 전운영위원장, 마르크스주의(트로츠키주의). 시장의 포화를 위기의 원인으로 규정. 현재의 위기를 1차 세계전쟁 이후 과소소비에 직면한 자본주의의 총체적 위기로 인식. 부르주아적 대안(전쟁과 파시즘)을 넘어서는 프롤레타리아적 대안(사회주의)을 실현시키기 위한 전위정당의 건설을 주장.

윤진호 (2009), 「경제위기와 노동운동의 대응」, 토론회 자료집 『공황기 고용대책에 대한 세계 노동운동의 경험과 한국 노동운동의 과제』, 민주노총. 인하대학교 경제학부 교수, 진보주의(케인즈주의). 한국경제가 수출주도형 경제구조와 금융규제·감독의 완화로 인해 외부적 충격에 취약해졌다고 진단. 고용확대를 통한 내수 진작과 금융규제·감독 강화를 대안으로 제시. 노조는 개별사업장 차원의 구조조정에 대한 반대에서 탈피하여 보건의료, 교육, 사회복지 등을 주요 의제로 설정해야 한다고 주장.

이덕재 (2009), 「신자유주의 경제정책의 모순과 위기」, 『민주사회와 정책연구』 15호. 고려대학교 경제연구소 연구교수, 진보주의(케인즈주의). 케인즈주의적 복지국가에서 수익성이 악화되자 규제·감독 완화와 복지지출 축소를 핵심으로 하는 신자유주의가 도입되고, 이와 함께 금융세계화가 출현했다고 주장. 소득불평등과 양극화는 사회적 유효수요의 기반을 약화시키기 때문에 신자유주의적 정책은 실패할 수밖에 없다고 주장.

이수봉 (2009), 「'즉각적이고 무조건적인 기본소득'을 위하여」, 『즉

각적이고 무조건적인 기본소득을 위하여: 경제위기에 대한 진보의 대안을 말한다』, 민주노총정책연구원. 민주노총 사무부총장, 마르크스주의(기본소득론). 이번 위기를 과소소비로 인한 구조적 위기로 규정. 네그리의 '사회노동자론'에 기초하여 즉각적·무조건적 기본소득을 주장. 민주노총의 대중적 지지기반을 확대하기 위해 사회노동자에 대해 책임지는 복지체제를 구축하자고 제안.

——— (2010), 「기본소득의 보편성과 운동적 의미」, 민주노총정책위원회, 『1등만 기억하는 더러운 세상을 뒤집어라』, 매일노동뉴스. 노동가치론과 프롤레타리아를 중심으로 하는 변혁론은 모더니즘적 인식론의 한계에 갇힌 사고방식이라고 비판. 존재가 가치를 생산하고 노동윤리가 노동자를 속박한다고 주장하면서 임금노동자를 중심으로 한 민주노총을 비판. 노동조합이 기본소득론을 수용함으로써 대중적 토대를 확대할 것을 요구.

이수훈 (2008), 「미국의 금융위기와 한반도의 새로운 가능성들」, 『역사비평』, 85호. 경남대학교 북한대학원 교수, 진보주의. 이번 금융위기로 군사적 과잉팽창, 패권적 국제정치, 과도한 금융팽창으로 특징지어지는 '30년 네오콘 시대'가 종식되었다고 주장. 향후 앵글로-색슨 모델의 붕괴와 대안체제의 논의가 가속화될 것으로 예상하면서 북미관계 정상화, 대미의존성 탈피, 동북아공동체 건설의 기회라고 주장. 동북아 금융·통화협력을 통해 북한을 통합시키고, 이를 토대로 해서 동북아공동체의 형성을 도모해야 한다고 주장.

이정우 (2009), 「한국의 경제위기, 민주주의와 시장만능주의」, 『역사비평』, 87호. 경북대학교 경제통상학부 교수, 진보주의(케인즈주의). 경제위기에 대한 대안으로 1930년대 스웨덴 같은 '경제민주주의'와 미국 같은 '시장만능주의'를 비교. 관치경제와 시장만능주의의 병폐를 회피하면서 경제민주주의를 이루기 위한 의식전환이 필요하다고 주장.

이종권 (2008), 「긴급진단: 미국 서브프라임 모기지 부실위기의 원인과 파급경로」, 『동향과 전망』, 73호. 대한주택공사 주택도시연구원 연구위원, 진보주의(케인즈주의). 모기지 발행시장의 '약탈적 대출'에 대한 불철저한 규제로 부실 모기지론이 양산되었고, 모기지 유통시장의 증권화에 대한 규제·감독의 부재로 주택시장의 위기가 금융위기로 확대되었다고 주장. 모기지시장을 포함한 자본시장에 대한 규제·감독체계의 정비가 시급하다고 주장.

이채언 (2009), 「경제위기, 어떻게 볼 것인가」, 『비평』, 22호. 전남대학교 경제학부 교수, 마르크스주의. 금융화와 이로 인한 부동산 거품 형성, 파생금융상품에 기초한 무분별한 신용 팽창, 금융규제·감독체계의 해체와 겸업화를 비판. 향후 달러가치의 하락에 따른 파국적 상황을 전망하면서도 구체적 논거와 대안은 제시하지 않음.

이한진 (2008), 「글로벌 금융위기와 한국 금융시장」, 『진보평론』, 38호. 전국사무금융노동조합연맹 정책국장, 진보주의. 과도한 신용창조 및 증권화를 위기의 원인으로 규정. 국내에서도 과도한 신용팽창과 가계금융자산의 증가로 위험성이 크다고 지적. 자본시장통합법 등 국내에서 진행되는 금융개혁과정을 분석하면서 영미식 모델에 따른 개혁은 금융기관의 경쟁을 격화시키고 파생금융상품에 의한 금융시장의 교란을 발생시킬 것이라고 주장.

임승철 (2009), 「토론문」, 토론회 자료집 『대공황기 진보진영의 대안은?』, 소통과혁신연구소. 혁신네트워크 운영위원, 진보주의. 과소소비와 유휴설비를 금융위기의 원인으로 규정. 구조조정에 대한 대안으로 노동시간 단축과 공공서비스 확대를 통한 일자리의 창출, 파산위기에 처한 기간산업의 국유화 등을 제안.

장상환 (2008), 「글로벌 금융위기와 이명박 정부 경제정책」, 『노동사회』, 138호. 경상대학교 경제학과 교수, 진보주의(케인즈주의). 증권회사와 헤지펀드 중심의 새로운 금융제도를 배경으로 해서 저금리정책과 규제·감독의 완화가 실행되어 주택금융이 팽창한 결과 금융위기가 발생했다고 주장. 뉴딜정책의 부활과 금융규제

·감독의 강화를 제안.
장시복 (2008a), 「미국 서브프라임 모기지 사태와 세계경제의 위기」, 『사회경제평론』, 31호; ——— (2008b), 「서브프라임 모기지 사태와 위기의 정치경제학」, 『문화과학』, 55호. 목포대학교 경제통상학부 교수, 마르크스주의와 케인즈주의의 절충. 1997년부터 투자붐과 소비붐을 주도한 거품경제가 2001년에 붕괴되었으나 저금리정책과 주택붐으로 위기가 '지연'되다가 이번에 폭발했다고 주장. 금융위기가 실물경제로 전이되고 또 세계적으로 전염되어 경기침체가 장기화될 것으로 전망.
——— (2009a), 「미국발 세계경제위기에 대한 비교사적 연구」, 『민주사회와 정책연구』 15호. 1930년대 이후에 출현한 위기들에 대한 비교 분석. 이번 금융위기는 손실 규모에서 1930년대와 1970년대의 위기 이후 가장 심각하다고 지적.
——— (2009b), 「세계경제위기 이후 금융안정의 정치경제학」, 『사회경제평론』, 33호. 수량완화정책 같은 유례없는 정책대응으로 세계경제가 최악의 붕괴를 모면했다고 주장. 그러나 수량완화정책은 과잉유동성을 양산함으로써 새로운 금융거품과 달러위기의 위험을 초래하는 동시에 수요확대에는 기여하지 못한 채 국가부채를 누적시킴으로써 경기부양정책을 제약한다고 비판.
장하준 (2008), 『다시 발전을 요구한다』, 부키. 케임브리지대학교 경제학과 교수, 진보주의(비교자본주의론). 위기의 원인을 신자유주의에 기초한 영미형 자본주의의 한계에서 발견. 금융·무역의 자유화와 민영화에 대한 대안으로 1960-70년대 동아시아의 '발전국가'에 주목. 관료의 주도로 산업정책을 핵심으로 하는 산업발전전략을 수립하고 이에 기초하여 무역·금융정책을 추진할 것을 제안. 환율, 외채, 해외직접투자 및 증권투자도 산업발전전략에 입각해서 관리해야 한다고 주장. 환율관리를 통해 수출지향적 경제성장과 금융안정을 추구하는 중국을 우호적으로 평가.
전국민주노동조합총연맹(민주노총) (2008), 「이명박 정부의 경제위기 대책 비판과 노동자의 요구」; ——— (2009), 『2009년 민주노총 요구와 과제』. 진보주의. 금융위기가 고용위기로 파급된다는 데 주목. 1930년대 뉴딜처럼 재정지출을 통한 고용보장과 금융·독점자본의 규제·감독을 주장. 또 기업에 대한 세제 지원과 고용유지지원금 확대를 내용으로 하는 고용안정특별법의 제정을 요구. 산업 및 기업 수준에서 고용안정협약의 체결과 고용안정위원회의 구성을 요구.

전창환 (2009a), 「2008년 미국의 금융위기」, 『동향과 전망』, 75호. 한신대학교 국제경제학과 교수, 진보주의(케인즈주의). 금융의 자립 및 실물경제에 대한 지배로서 '경제의 금융화'와 대출 등 비유동성 금융자산을 유동성 금융자산으로 전환하는 '금융의 증권화'가 위기의 원인이라고 주장. 나아가 이런 원인은 정책적 선택으로서 신자유주의적 전환에 따른 금융규제·감독의 완화로 소급된다고 주장. 또 신용파생상품에 대한 규제·감독의 미비와 기업지배구조의 결함이 과도한 권한을 갖춘 최고경영진의 투기행위를 조장했고, 신용평가회사와 시가평가도 위기의 심화에 기여했다고 주장.

——— (2009b), 「2008년 미국의 금융위기와 금융자본의 재편」, 『동향과 전망』, 76호. 금융위기 이후 증권회사가 은행에 의한 인수·합병, 파산, 은행지주회사로의 전환, 부실부문의 분할 등을 거치면서 은행과 결합된다는 데 주목. 증권회사의 시대가 종결된 것이 아니라 오히려 은행의 자금동원력에 힘입어 더 강화될 것이라고 예상. 정부가 대규모 공적자금을 투입했음에도 불구하고 기업지배구조의 개선과 금융의 규제·감독에는 실패했다고 주장.

——— (2010), 「2008년 미국의 금융위기와 오바마 정부의 새로운 뉴딜?」, 『동향과 전망』, 78호. 금융위기의 전개과정과 금융체계의 안정화를 위한 연준과 재무부의 정책대응을 정리. 정치적 조건에 초점을 맞추어 경제회복을 위한 금융개혁의 실행가능성을 분석. 로즈벨트 정부와 달리 오바마 정부는 취약한 진보운동 때

문에 월가에 포획된 상태여서 급진적 금융개혁이 쉽지 않을 것으로 예상.

정건화 (2009), 「미국의 경제위기와 오바마의 경제정책」, 『동향과 전망』 76호. 한신대학교 경제학과 교수, 진보주의. 2001년 신경제거품의 붕괴에 대응한 초저금리 정책으로 인한 부동산·자산거품이 위기의 원인이라고 주장. 고용위기·소비위축으로 장기적 경기침체가 발생할 것으로 전망. 정부의 시장규제·감독에 대해 비판적인 '대중적 보수주의'를 극복하고 시장규제·감독을 재확립해야 한다고 주장.

정성진 (2008), 「21세기 세계대공황: 마르크스주의적 개입을 위하여」, 『진보평론』, 38호. 경상대학교 경제학과 교수, 마르크스주의(트로츠키주의). 이번 금융위기는 '소비자금융의 자기한계'로 인해 발생하지만, 근본적 원인은 이윤율의 장기적 하락이라고 주장. 1980년대 이후의 이윤율 상승은 임금 억압, 정보통신거품과 주택시장거품, 영구군비경제 때문이라고 주장. '세계대공황'의 가능성이 높기 때문에 반자본주의적 변혁을 위해 노동자·민중의 생존권 요구를 이행강령으로 구체화하는 것이 필요하다고 주장.

——— (2009), 「한국에서 사회주의 변혁과 대안적 경제전략의 방향」, 경상대학교 사회과학연구원 엮음, 『대안적 경제전략과 한국경제』, 한울. 자본주의와 스탈린주의에 대한 대안으로 '참여계획경제'를 제안. 생산수단에 대한 평의회소유, 사회적 소유, 국가소유의 결합, 구상과 실행을 균형적으로 배분하는 새로운 직군의 도입, 계획위원회를 통한 노동증서의 배분, 중앙컴퓨터를 통한 공급과 수요의 조정 등을 제시.

정성희 (2009), 「대공황기 진보운동의 교훈과 오늘의 과제」, 토론회 자료집 『대공황기, 진보진영의 대안은?』, 소통과혁신연구소. 소통과혁신연구소 소장, 진보주의. 1930년대 대불황 당시 유럽과 미국의 노동자운동과 1997년 외환위기 당시 한국 노동자운동의 주요 한계를 정당과 통일전선의 약화·해체에서 발견. 공공부문의 고용창출과 실질임금의 보장을 통해 경제위기를 극복할 수 있다고 주장하면서 이를 위한 조건으로 반이명박 국민전선의 강화와 진보정치연합을 제안.

정재환 (2009), 「세계금융위기에 대한 진보세력의 대응방안: 국제적·지역적·일국적 대응」, 진보신당 연구보고서. 케임브리지대학교 정치학과 박사과정, 진보주의(케인즈주의). 민스키의 금융불안정성론에 따라 금융기관의 과도한 차입과 대출을 금융위기의 원인으로 지목. 국제적 금융규제·감독과 내수를 중심으로 하는 경제를 대안으로 제시.

정종권 (2009), 「토론문」, 토론회 자료집 『대공황기, 진보진영의 대안은?』, 소통과혁신연구소. 진보신당 부대표, 진보주의. 금융위기와 서민생활 악화를 예방하기 위한 공적자금 투입을 요구. 또 사회안전망 및 복지체제에 대한 예산 확대와 이에 기초한 '복지동맹' 형성을 주장.

정태인 (2008), 「미국금융위기와 한미FTA, 그리고 대안」, '금융위기와 한미FTA의 문제점' 토론회, 한미FTA저지범국민운동본부; ——— (2009), 「리만 파산 1년, 우리는 어디에 서 있는가?」, 진보신당 칼라TV 칼럼게시판, http://www.jinbocolor.tv/83858. 진보신당 상상연구소 이사, 진보주의(비교자본주의론과 케인즈주의의 절충). 세계경제의 불균형과 금융투기가 위기의 원인이라고 주장. 이중적자 메커니즘과 공격적 무역정책의 파산으로 인해 신자유주의가 종결될 것으로 예상. 새로운 헤게모니의 부재로 인해 전망이 불확실한 상황에서 유럽연합과 동아시아로의 경제적 패권의 분산, 달러-아시아통화(ACU)-유로의 삼각바스켓에 의한 환율조정, 자본통제와 금융규제 등을 대안으로 제시.

정하용 (2009), 「'금융화'와 미국의 금융위기」, 『민주사회와 정책연구』, 16호. 경희대학교 국제학부 교수, 진보주의. 금융화를 기업내부에서 경영자에 대한 주주의 지배력이 강화되는 '정치적' 현상으로 파악. 미국경제가 금융화되면서 주주의 이익이 극대화되는데, 2000년대부터 기관투자가가 은행과 증권회사의 주식을 대규모로 소유하면서 단기적 이익을 추구한 결과 증권화 같은 금융혁신이 가속화되었다고 주장. 금융위기는 기업의 지배구조가 변화된 결과이기 때문에 이윤추구 방식에서 변화가 없는 한 금융규제·감독은 제한적이라고 비판.

조복현 (2006), 「경제성장과 안정을 위한 새로운 금융시스템의 구축」, 『사회경제평론』, 26호; ――― (2009), 「미국 금융위기와 신자유주의 경제질서」, 『사회경제평론』, 32호. 한밭대학교 경제학과 교수, 진보주의(케인즈주의와 비교자본주의론의 절충). 신자유주의적 금융규제·감독의 완화로 금융의 중심이 은행에서 자본시장으로 이동했다고 주장. 또 이번 금융위기는 증권화에 따른 금융의 과도한 팽창과 취약성 증가로 인해 자본시장이 자기붕괴하는 과정이라고 주장. 금융규제·감독을 위해 은행 중심의 금융으로 복귀해야 한다고 제안.

진보신당 (2008), 「금융공공성 강화 100조, 서민살리기 100조 공적자금 투입으로 한국사회 대전환을 시작하자」. 진보주의. 금융부문에 공적자금 100조원을 투입하여 위기의 확산을 막고 금융기관의 소유·지배구조의 공공성을 강화하자고 주장. 또 고용유지·확대와 사회복지확충에 공적자금 100조원을 투입하여 서민경제를 지원하고 내수를 진작하자고 주장.

채만수 (2008a), 「대공황과 혹세무민지설들」, 『정세와 노동』, 39호; ――― (2008b), 「새로운 대공황과 그 역사적 의의」, 『노동사회과학』, 1호. 노동사회과학연구소 소장, 마르크스주의(스탈린주의). 현재의 위기를 과소소비로 인한 구조적 위기로 규정하면서 금융위기는 실물경제위기로부터 촉발되었다고 주장. '조정된 시장경제론', '민주적 시장경제론', '금융규제론' 등 다양한 대안을 비판하면서 사회주의 혁명을 제안. 1930년대 대불황과의 유비를 통해 세계가 혁명과 세계전쟁의 갈림길에 서있다고 전망.

최태욱 (2009), 「동아시아의 지역간 협력체제 추진을 제창한다」, 『창작과 비평』 143호. 한림국제대학원대학교 국제관계학과 교수, 진보주의(비교자본주의론). 현재의 위기를 영미형 '자유시장경제'의 위기로 인식. 이중적자가 지속될 수 없기 때문에 달러가치가 하락할 것으로 예상하면서 동아시아 지역통합에 미국을 포함시켜야 한다고 주장. '조정된 시장경제'에 기초한 동아시아 지역협력체제 구축, 동아시아 자유무역지대 등을 제안.

홍종학 (2009), 「대공황 전후 후버와 루스벨트의 사회경제정책 비교」, 『역사비평』 87호. 진보주의(케인즈주의). 자유방임주의적 후버 정부와 개입주의적 로즈벨트 정부의 정책을 비교 분석. 소득재분배를 중심으로 하는 로즈벨트 정부의 뉴딜정책이 대불황을 극복하고 미국경제의 장기성장을 가져왔다고 주장. 뉴딜시대의 규제와 제도가 폐지되면서 금융위기가 재발했다고 지적.

'과천연구실 세미나' 개관

I. 일반화된 마르크스주의와 성적 차이의 페미니즘

윤소영, 『마르크스주의의 전화와 '인권의 정치': 알튀세르를 위하여』, 과천연구실 세미나 1, 문화과학사, 1995; 『마르크스의 '경제학 비판'』(개정판), 과천연구실 세미나 15, 공감, 2005; 『마르크스의 '경제학 비판'과 소련사회주의』, 과천연구실 세미나 16, 공감, 2002; 『마르크스의 '경제학 비판'과 평의회 마르크스주의』, 과천연구실 세미나 18, 공감, 2003; 『마르크스의 '경제학 비판'과 대안세계화 운동』, 과천연구실 세미나 20, 공감, 2003.

윤소영, 『일반화된 마르크스주의 개론』(개정판), 공감개론신서 1, 공감, 2008; 『알튀세르를 위하여』(개정판), 공감개론신서 8, 공감, 2010(예정); 『마르크스의 '자본'』, 공감개론신서 3, 공감, 2009; 『역사적 마르크스주의: 이념과 운동』(개정판), 공감개론신서 6, 공감, 2010(예정); 권현정, 『마르크스주의 페미니즘의 현재성』, 과천연구실 세미나 17, 공감, 2002; 권현정 외, 『페미니즘 역사의 재구성: 가족과 성욕을 둘러싼 쟁점들』, 과천연구실 세미나 19, 공감, 2003.

에티엔 발리바르, 『마르크스의 철학, 마르크스의 정치』, 과천연구실 세미나 2, 문화과학사, 1995; 에티엔 발리바르·피에르 마슈레, 『스피노자의 철학, 스피노자의 정치』 (윤소영, 『알튀세르의 현재성: 마르크스, 프로이트, 스피노자』, 과천연구실 세미나 5, 공감, 1996에 실림); 에티엔 발리바르 외, 『'인권의 정치'와 성적 차이』, 과천연구실 세미나 21, 공감, 2003; 뤼스 이리가레 외, 『성적 차이와 페미니즘』, 과천연구실 세미나 8, 공감, 1997.

II. 포스트구조주의 비판

윤소영, 「발리바르의 『마르크스의 철학』에 관하여」 (윤소영, 『알튀세르를 위한 강의: '마르크스주의의 일반화'를 위하여』, 과천연구실 세미나 3, 공감, 1996에 실림); 「알튀세르와 라캉: 마르크스주의 전화를 위한 쟁점들」 (루이 알튀세르 외, 『알튀세르와 라캉: '프로이트-마르크스주의'를 넘어서』, 과천연구실 세미나 4, 공감, 1996에 실림); 「뤼스 이리가레의 '성적 차이의 윤리'」 (윤소영, 『마르크스주의의 전화와 '인권의 정치': 알튀세르를 위하여』, 과천연구실 세미나 1, 문화과학사, 1995에 실림); 「데리다의 『마르크스의 유령들』에 관한 단상들」 (윤소영, 『알튀세르를 위한 강의: '마르크스주의의 일반화'를 위하여』, 과천연구실 세미나 3, 공감, 1996에 실림); 「스피노자-마르크스주의와 포스트구조주의 비판」 (메이너드 솔로몬 외, 『베토벤: '윤리적 미' 또는 '승화된 에로스'』, 공감, 1997에 실림).

윤소영, 『알튀세르를 위하여』(개정판), 공감개론신서 8, 공감, 2010 (예정); 『일반화된 마르크스주의 세미나』, 공감개론신서 7, 공감, 2010(예정).

에티엔 발리바르, 『마르크스의 철학, 마르크스의 정치』, 과천연구실 세미나 2, 문화과학사, 1995; 에티엔 발리바르·피에르 마슈레, 『스피노자의 철학, 스피노자의 정치』 (윤소영, 『알튀세르의 현재성: 마르크스, 프로이트, 스피노자』, 과천연구실 세미나 5, 공감, 1996에 실림); 메이너드 솔로몬 외, 『베토벤: '윤리적 미' 또는 '승화된 에로스'』, 공감, 1997; 루이 알튀세르 외, 『알튀세르와 라캉: '프로이트-마르크스주의'를 넘어서』, 과천연구실 세미나 4, 공감, 1996; 뤼스 이리가레 외, 『성적 차이와 페미니즘』, 과천연구실 세미나 8, 공감, 1997; 에티엔 발리바르 외, 『'인권의 정치'와 성적 차이』, 과천연구실 세미나 21, 공감, 2003.

Ⅲ. 신자유주의 비판

윤소영, 「쉬잔 드 브뤼노프의 신자유주의 비판」 및 「뤼스 이리가레의 '성적 차이의 윤리'」 (윤소영, 『마르크스주의의 전화와 '인권의 정치': 알튀세르를 위하여』, 과천연구실 세미나 1, 문화과학사, 1995에 실림); 『일반화된 마르크스주의와 역사적 자본주의 분석』, 과천연구실 세미나 6, 공감, 1998; 『이윤율의 경제학: 헨릭 그로스만(1881-1950)을 위하여』 (『이윤율의 경제학과 신자유주의 비판』, 과천연구실 세미나 13, 공감, 2001에 실림); 『마르크스의 '경제학 비판'』(개정판), 과천연구실 세미나 15, 공감, 2005.

윤소영, 「브뤼노프의 신자유주의 비판」 및 「이리가레의 '성적 차이의 윤리'」 (윤소영, 『알튀세르를 위하여』(개정판), 공감개론신서 8, 공감, 2010(예정)에 실림); 『신자유주의적 '금융 세계화'와 '워싱턴 콘센서스': 마르크스적 비판의 쟁점들』, 과천연구실 세미나 11, 공감, 1999; 『신자유주의 비판』 (『이윤율의 경제학과 신자유주의 비판』, 과천연구실 세미나 13, 공감, 2001에 실림); 『마르크스의 '자본'』, 공감개론신서 3, 공감, 2009; 『일반화된 마르크스주의 개론』(개정판), 공감개론신서 1, 공감, 2008; 『금융위기와 사회운동노조』, 공감개론신서 2, 공감, 2008; 『2007-09년 금융위기』, 공감개론신서 4, 공감, 2009; 김석진 외, 『자본주의의 위기와 역사적 마르크스주의』, 과천연구실 세미나 14, 공감, 2001; 이미경, 『신자유주의적 '반격' 하에서 핵가족과 '가족의 위기': 페미니즘적 비판의 쟁점들』, 과천연구실 세미나 12, 공감, 1999.

장 로블랭 외, 『세계화와 신자유주의 비판을 위하여』, 과천연구실 세미나 7, 공감, 1997; 조반니 아리기 외, 『발전주의 비판에서 신자유주의 비판으로: 세계체계론의 시각』, 과천연구실 세미나 9, 공감, 1998; 다이앤 엘슨 외, 『발전주의 비판에서 신자유주의 비판으로: 페미니즘의 시각』, 과천연구실 세미나 10, 공감, 1998.